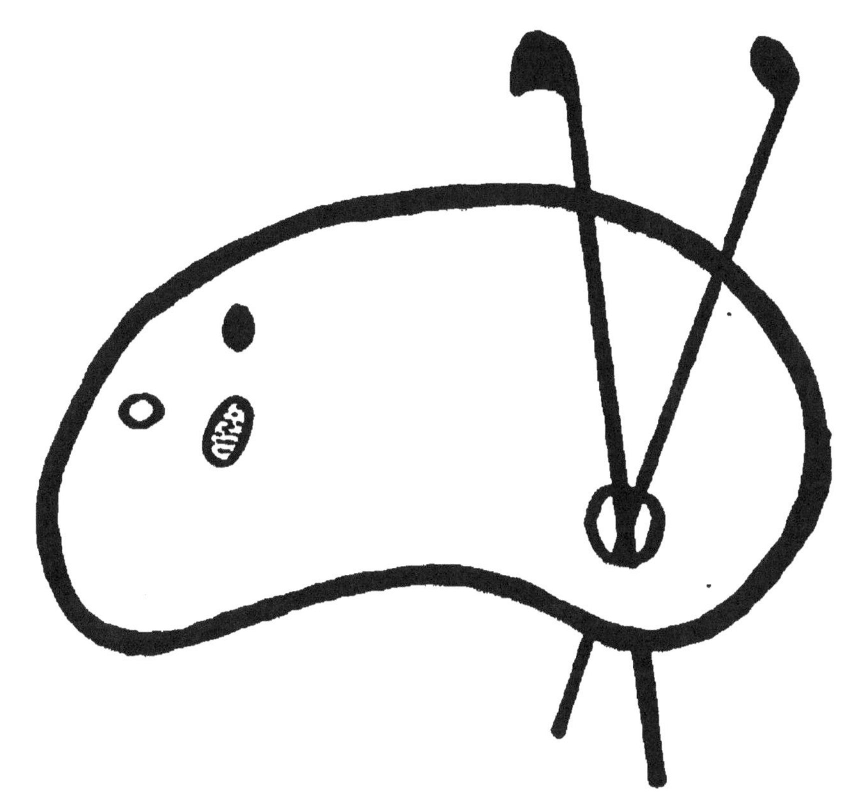

DÉBUT D'UNE SÉRIE DE DOCUMENTS
EN COULEUR

MARINE MARCHANDE

DÉPOSITION

A L'ENQUÊTE MARITIME

PAR

M. JULES PEULVE

MEMBRE DE LA CHAMBRE DE COMMERCE DU HAVRE,

ARMATEUR, ASSOCIÉ DE LA MAISON PEULVÉ, PETIT, ISMER ET Cie

PARIS ET HAVRE

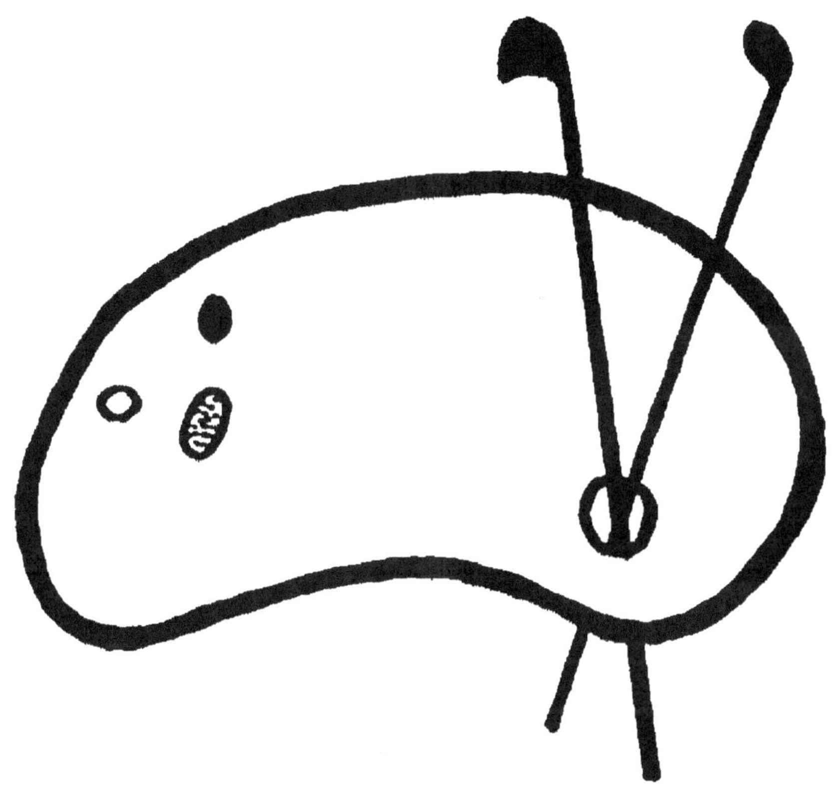

FIN D'UNE SÉRIE DE DOCUMENTS
EN COULEUR

MARINE MARCHANDE

DÉPOSITION

A L'ENQUÊTE MARITIME

PAR

M. JULES PEULVÉ

MEMBRE DE LA CHAMBRE DE COMMERCE DU HAVRE,

ARMATEUR, ASSOCIÉ DE LA MAISON PEULVÉ, PETITDIDIER ET Cie

PARIS ET HAVRE

PARIS

IMPRIMERIE CENTRALE DES CHEMINS DE FER

A. CHAIX ET Cie

RUE BERGÈRE, 20, PRÈS DU BOULEVARD MONTMARTRE,

1870

DÉPOSITION
A L'ENQUÊTE MARITIME

PAR

M. J. PEULVÉ

Membre de la Chambre de Commerce du Havre,

Armateur, associé de la maison PEULVÉ, PETITDIDIER et Cie, Paris et Havre

———

MESSIEURS,

Lorsque fut présentée, en 1866, la loi sur la Marine marchande, les armateurs élevèrent la voix pour se plaindre.

Sur la question de principe, ils firent observer que c'était commettre à leur égard une grande injustice que de leur retirer la protection dont ils avaient joui jusqu'alors, lorsque les autres industries du pays continuaient à être plus ou moins protégées. — Que c'était créer ainsi à leur égard une inégalité choquante que rien ne justifiait.

Sur le terrain des faits, les armateurs ne craignirent pas d'affirmer que l'assimilation aurait infailliblement pour conséquence d'amener, dans un avenir prochain, la ruine et l'anéantissement de la Marine française.

Appelés aujourd'hui à s'expliquer de nouveau, ils déclarent que, sur le premier point, ils n'ont rien à retrancher de ce qu'ils ont dit lors du vote de la loi, et les observations qui vont suivre démontreront d'une manière irréfragable que leurs prévisions sur le résultat fatal de l'assimilation des pavillons n'étaient que trop fondées.

Le temps des longs discours théoriques est passé. — Le moment est arrivé d'aborder devant vous la discussion au point de vue c' la pratique.

— 4 —

L'état de détresse de la Marine étant donné, comme il sera prouvé plus loin, les divers moyens qui ont été proposés en dehors du rappel de la loi de mai 1866, pour remédier à l'état de souffrance de la Marine, sont les suivants :

L'abolition des charges qui résultent de l'inscription maritime ;

Les modifications au projet du livre II du Code de commerce et de l'Hypothèque maritime ;

La transformation des bâtiments à voiles en navires à vapeur.

Il est incontestable que quelle que soit l'importance plus ou moins grande des charges qui découlent de l'inscription maritime, telles que rapatriement, frais de maladie, congédiement, etc., la suppression de ces charges serait une économie pour les armements, mais ne pourrait jamais être considérée comme une réforme équivalente au préjudice causé par la suppression de la protection.

En effet, il résulte de chiffres positifs, que les charges qui découlent de l'inscription maritime sont en moyenne de 30 à 35 centimes par tonneau et par an. — Ces chiffres résultent des cinq tableaux certifiés que nous déposons sur le bureau, comprenant les années 1865 à 1869 pour la navigation dans les mers des États-Unis, Antilles françaises et étrangères, Mexique, Côte-ferme, Cayenne, Brésil, Plata, Mers du Pacifique, Côte d'Afrique, Indes, Cochinchine, Australie, Nouvelle-Calédonie. — Or, est-il possible de supposer, un seul instant, que ces charges sont, comme on l'a trop répété par défaut de connaissance de la matière, la cause principale de la détresse de la Marine marchande ?

Il est certainement utile que ces charges disparaissent, mais encore une fois, ce serait commettre la plus grave erreur, que d'admettre que leur suppression puisse être la compensation de la privation des droits protecteurs. — Était-il sérieux de soutenir que l'on trouverait, dans cette suppression, le remède à la situation faite à la Marine par la loi de mai 1866, et d'opposer à la perte évaluée de 20 francs de protection par tonneau, un allégement ne dépassant pas en réalité 30 à 35 centimes ?

Il faut ignorer complétement les conséquences pécuniaires de ces charges ou ne pas se donner la peine d'aller au fond des choses, pour émettre des idées aussi erronées.

Il faut donc, en dégageant le débat de ces détails, reconnaître simplement que dans un sentiment de justice et d'équité, les charges du rapatriement, etc., doivent être supportées par l'État, mais en même temps convenir qu'elles ne sont ni une cause d'infériorité, ni la cause de la détresse de la Marine ; qu'on ne saurait leur attribuer le mal existant, et que, par conséquent, ce n'est pas dans leur suppression que l'on pourrait trouver le remède à la triste situation des armements.

Cependant étant admis le maintien de l'inscription maritime il serait nécessaire d'apporter aux lois et décrets qui règlent la matière, les modifications suivantes :

Dans l'intérêt des armements, que dans tout cas de force majeure, le marin soit rapatrié aux frais de l'Etat; dans le cas de maladie, limiter les sacrifices de l'armateur à trois mois de gages et l'excédant à supporter par l'Etat ; permettre à l'armateur de passer, avec les équipages, telles conventions librement consenties et acceptées, suivant les exigences du voyage; notamment à propos du règlement des salaires, du congédiement et de la conduite; en un mot, que ces dépenses ne soient plus considérées, soit par le code actuel, soit par le code proposé, comme étant *d'ordre public.*

A l'égard du marin :

Fixer à trente ou trente-cinq ans d'âge au plus, au lieu de cinquante ans, la limite d'âge après laquelle le marin ne pourra plus être appelé au service de l'Etat ;

Que la pension de retraite qu'il reçoit de la caisse des Invalides lui soit accordée après vingt ans de navigation effective, au lieu de vingt-cinq ans, soit à la Marine de l'Etat, soit à la Marine du commerce;

Que, en cas de congédiement à l'étranger, il puisse s'embarquer, à gages, sur un navire étranger pour effectuer son retour en Europe;

Qu'enfin, un secours soit accordé à la famille (femme ou enfant, ou à défaut, père ou mère) du marin mort accidentellement pendant le voyage, et ce en raison des 3 0/0 de retenue qui est faite sur ses gages, quand il est si rare qu'il atteigne l'âge de la retraite.

On a aussi fait grand bruit des modifications promises par le gouvernement et soumises en projet aux Chambres de commerce sur le Titre II du Code de commerce, ainsi que l'addition d'un nouveau chapitre intitulé *Hypothèques maritimes.*

Comme il arrive trop souvent, on ne s'est pas donné la peine d'aller au fond des choses, et l'on s'est exagéré la portée des modifications proposées. — Ce qu'il y a de vrai, c'est que les changements que le gouvernement a en vue d'opérer (et dont la nécessité d'un grand nombre est contestée par les Chambres de commerce) consistent à mettre le Code nouveau en harmonie avec les usages qui ont pour ainsi dire force de loi, et avec la jurisprudence. On ne trouve rien dans les modifications projetées qui puisse modifier sensiblement la situation.

Quant à l'hypothèque maritime, elle pourra, momentanément, rendre quelques services à un armateur gêné, mais ce serait se faire une étrange illusion que de croire qu'elle sera de nature à contribuer au développement des opérations maritimes.

Il n'est pas douteux, pour tout esprit pratique et sérieux, qu'en raison des privilèges édictés par le Code de commerce, notamment par l'article 191, dont le texte nouveau est la reproduction avec cette addition :

« Les créances hypothécaires sur le navire viendront dans leur ordre d'inscription après
» les créances privilégiées. »

Il n'est pas douteux, disons-nous, qu'en présence des priviléges qui primeront le prêt, et aussi en raison de la nature dépréciable du gage, le susdit prêt ne pourra se faire qu'à un taux d'intérêt usuraire. C'est par ce motif, que la Chambre de commerce du Havre a déclaré que, dans sa pensée et pour permettre le fonctionnement du système, il était de toute nécessité de réviser la loi sur le taux de l'intérêt.

De ce qui précède, il est facile de conclure que l'hypothèque maritime ne servira que dans des cas très-rares et désespérés, car l'armateur qui sera contraint d'emprunter au-dessus de 6 0/0, sera ruiné, s'il le fait d'une manière permanente.

Le mot de transformation indique suffisamment ce qu'on entend vouloir faire.

Il veut dire que l'on transformerait le navire à voiles en navire à vapeur.

Est-ce possible? Sans hésiter, nous répondons non.

Pour qu'un navire à voiles puisse être transformé, il faut qu'il ait été construit dans des formes spéciales, fines à l'avant et à l'arrière, et suffisamment allongées à l'arrière ; il faut encore (ceci est de nécessité absolue) que dans sa construction primitive, le navire ait reçu dans toutes ses parties des consolidations supplémentaires et toutes spéciales. Il faut de plus que le navire soit d'un grand tonnage, et qu'il soit presque à l'état de neuf.

Il n'échappera à personne que pour charger l'arrière d'un navire du poids de la machine et de l'hélice, il faut une solidité toute spéciale.

Nous ajouterons que les hommes les plus expérimentés des choses de la mer, et qui ont pu juger des effets produits par les efforts incessants de l'hélice, sont d'avis, que non-seulement les navires à hélices doivent être construits dans la forme et les conditions qui viennent d'être dites, mais encore qu'on ne peut avoir de confiance entière pour ce genre de navire, que dans les coques en fer, parce qu'elles offrent une rigidité indispensable, qui n'existe pas dans les navires en bois, et que d'ailleurs le fer se prête beaucoup mieux à la construction des steamers qui sont généralement divisés en compartiments étanches.

A l'appui de ce qui précède il n'est pas inutile de faire remarquer que depuis fort long-temps déjà on ne construit plus que des steamers en fer.

Or, la France ne possède que peu de navires en fer, et encore ne sont-ils pas dans les conditions voulues pour être transformés; d'un autre côté les navires en bois que nous possédons n'ayant pas été construits en prévision de ce changement radical, on peut encore moins les transformer. C'est au plus si on peut citer deux ou trois navires en bois ayant été construits pour pouvoir être transformés, en conservant les inconvénients de la construction en bois.

Si donc la nécessité des choses exigeait la transformation, on peut affirmer qu'elle serait absolument impossible, et qu'il faudrait par conséquent faire le sacrifice de toute la marine à voiles.

Peut-il être dans la pensée de personne, de vouloir arriver à cette extrémité, et d'ailleurs, ce ne serait plus une transformation, mais bien la substitution de vrais navires à vapeur, construits *ad hoc*, qui viendraient *remplacer* les navires à voiles.

Il faut dans un sujet aussi grave dégager la vérité.

Or, il est constant que la transformation, impossible en France, a été tentée en Angleterre et abandonnée depuis plusieurs années, après des essais malheureux.

L'Angleterre, tout en conservant sa marine à voiles, qu'elle augmente encore chaque année, a pu, grâce au grand mouvement de sa navigation, progresser considérablement dans sa marine à vapeur; mais elle a construit des navires spéciaux. Les mêmes effets pourront se produire en France, sous le régime de la protection.

Les personnes étrangères aux affaires maritimes, se font une singulière idée sur les moyens de transport. — Leurs esprits s'enflamment sans réflexion pour la vapeur, dans leur enthousiasme, ils supposent que la Marine à voiles a fait son temps et que, dans un avenir très-prochain, toute la navigation s'effectuera à l'aide de la vapeur. — Nous pensons que c'est là une des grandes illusions du temps présent.

Disons tout d'abord, que le système tant préconisé, est en contradiction avec le problème cherché, comme un besoin de l'époque, *le transport à bon marché*.

Peut-on sérieusement prévoir le jour où on pourra se passer de voiliers pour transporter les produits lourds et encombrants? Évidemment non; en conséquence, c'est donc commettre la plus grande des erreurs, que de supposer que la Marine est destinée à être transformée.

Le système des navires à vapeur progressera tout naturellement, suivant les besoins du commerce, en même temps que les prix de transport offriront des bénéfices normaux; mais dans notre conviction profonde, il faut que cette industrie, naissante en France, soit protégée contre les concurrences étrangères; la protection est d'autant plus indispensable, que le charbon coûte dans nos ports deux fois le prix payé en Angleterre, et que nous sommes en présence de Compagnies subventionnées. — Que, par exemple, une ligne non subventionnée s'établisse au Havre pour aller au Brésil ou au Rio de la Plata, ne pourra-t-elle pas se trouver ruinée par la ligne des Messageries impériales qui reçoit une subvention de 199,500 francs par voyage d'aller et retour?

Il faut, ou racheter les contrats des Compagnies subventionnées, ou protéger les lignes non subventionnées.

Il n'est plus aujourd'hui personne, soit dans le commerce, soit dans la marine, qui conteste l'état de détresse de cette industrie. — Les uns, sacrifiant facilement le sentiment national à leurs intérêts privés, ne tiennent guère à son existence, et la verraient disparaître sans douleur; d'autres, sincères dans leur erreur, pensent qu'elle pourrait encore exister moyennant quelques réformes de détail; les derniers enfin, et c'est le plus grand nombre, sont d'avis que si un remède prompt et efficace n'est pas apporté à la situation actuelle, la marine marchande française doit disparaître, sans espoir de la voir se renouveler.

Cette dernière hypothèse est malheureusement la plus certaine, si une protection modérée ne vient à l'aide de cette industrie compromise.

Nous pensons avoir démontré que l'allégement dans les charges, la révision des règlements, etc., ne peuvent être considérés comme la compensation du préjudice causé par l'assimilation des pavillons; qu'il en est de même des projets de changement dans la législation, et qu'enfin la transformation est impossible.

On est cependant d'accord qu'un remède est non-seulement nécessaire, mais urgent, et nous ne craignons pas de le dire, on n'en trouvera de véritablement efficace que dans la protection.

Peut-on en douter? Et si les ministres qui présidaient en 1866 aux destinées de la France, avaient désiré s'éclairer, ils auraient pu se convaincre, en ouvrant leur propre statistique, que là où nous opérions à égalité de traitement avec le pavillon anglais, la lutte devenait pour nous impossible, et que nous succombions devant ce terrible concurrent.

En effet, depuis la conclusion du traité de commerce et de navigation, passé le 28 janvier 1826 entre la France et l'Angleterre, il y a une assimilation complète entre les deux pavillons pour l'intercourse directe entre la France et l'Angleterre, y compris ses possessions d'Europe, et *vice versa*.

Or, quelles ont été les conséquences de cette assimilation ? C'est de donner à l'Angleterre la plus grosse part des transports, laquelle part s'augmente incessamment.

Nous accompagnons ces réflexions d'un tableau qui est le relevé exact de la statistique française, pour la période décennale de 1857 à 1866, et nous y puisons les chiffres suivants :

En 1857, nous lisons que sur : 1.551.455 tonnes, mouvement total de la navigation pour ladite année, la part de chaque pavillon a été comme suit :

Pour le pavillon français	412.025 tonneaux, soit	26 3/6 0/0
— anglais	1.088.485 —	70 1/6 0/0
— tiers	50.945 —	3 2/6 0/0
	1.551.455 tonneaux, soit	100/100

Si maintenant nous nous reportons à dix ans plus tard (en 1866), nous trouvons les résultats suivants :

2.380.575 tonnes, mouvement total de la navigation.

Pour le pavillon français	408.423 tonneaux, soit	17 0/0
— anglais	1.958.707 —	82 1/2 0/0
— tiers	13.445 —	1/2 0/0
	2.380.575 tonneaux, soit	100/000

En d'autres termes, le pavillon français a perdu 3,602 tonnes, pendant que le pavillon anglais a gagné le chiffre colossal de 870,222 tonnes.

N'est-ce pas assez éloquent ? Et ajoutons que le plus léger doute ne peut planer sur ces chiffres, puisqu'ils sont puisés à la statistique officielle française. Nous ne sommes donc plus en présence d'un raisonnement, mais bien d'un théorème qui conclut à prouver que là où il y a eu égalité de traitement entre le pavillon français et anglais, nous avons succombé. Cette démonstration nous permet de dégager l'inconnu et d'affirmer que le même sort est réservé au pavillon français sur tous les autres points du globe, quand il se trouvera en présence du pavillon anglais.

A quoi attribuer ces tristes résultats ?

Est-ce dû, ainsi qu'on l'a prétendu, à notre insouciance des affaires marititimes, qui nous porte à négliger certaines sources de profits où le travail prend une large part ?

Nous en appelons aux hommes d'affaires, et nous leur demanderons, s'il est possible d'admettre, dans le siècle où nous sommes, que les armateurs, les négociants des ports français, commettraient l'oubli de leurs propres intérêts jusqu'à négliger de s'occuper d'une industrie qui pourrait leur donner des produits normaux. Évidemment non ; il faut attribuer la cause de notre infériorité à la force des choses, et cette force des choses, c'est que l'Angleterre possède chez elle et en dehors d'elle, des éléments de prospérité maritime que nous ne possédons pas. Elle possède en abondance le fer et le charbon, d'immenses manufactures, des marchés qui approvisionnent l'Europe entière, de vastes ports, des chantiers de construction que rien n'égale dans ce même genre d'industrie ; elle possède, des contrées immenses où elle écoule les plus riches produits de son sol et ses produits manufacturés ; elle possède, en un mot, sur une large échelle, ce dont nous sommes en partie dépourvus ; elle est toute puissante et nous sommes faibles.

Voilà la véritable prépondérance de l'Angleterre sur nous.

Et, certes, pour celui que l'orgueil n'aveugle pas, il doit reconnaître que la lutte est impossible.

Reprenons l'examen des chiffres ; il continuera, nous l'espérons, à porter dans vos esprits la conviction qui nous anime.

Il résulte de la comparaison des documents officiels français et anglais (que nous déposons sur le bureau), qu'en 1866, année du vote de la loi qui nous occupe, la marine anglaise représentait en tonnage sept fois autant que la France, et que la moyenne de la jauge ou de la capacité des navires anglais, était supérieure à celle des navires français de :

74 0/0 pour les navires voiliers, et de 32 0/0 pour les navires à vapeur.

Il est impossible d'attribuer au caprice ou au hasard une si grande disproportion de force et de moyens de transport. Il faut donc reconnaître que la création d'un si grand matériel est due à la nécessité des affaires. Il n'est pas possible d'en douter, en présence de la progression comparée des deux marines française et anglaise, dans la période de 1857 à 1866 ; car ce serait admettre l'absurde, que de supposer un instant que la marine d'un pays peut progresser constamment sans que les affaires l'exigent.

Or, quelle a été la progression des deux marines commerciales pendant la période susdite ?

Nous référant au tableau pour les détails, en voici le résumé.

L'effectif de la Marine française présente le mouvement suivant entre 1857 et 1866.

En 1857, la Marine française se composait de :

330 navires à vapeur jaugeant............................	72.070 tonnes
14.745 — à voiles —	980.465 —
15.075 navires de toutes jauges............................	1.052.535 tonnes

En 1856 la France possédait :
     433 navires à vapeur jaugeant............................. 135.259 tonnes
15.182   —   à voiles   —   .... 923.289   —
____
15.615 navires... 1.058 548 tonnes

Le tonnage total a augmenté en douze ans de 6,013 tonneaux, soit de 2/3 0/0.
Le tonnage des navires voiliers a diminué de 57,176 tonneaux.
    —   à vapeur a augmenté de 63,189 tonneaux.

Le tonnage des voiliers a donc diminué dans une proportion considérable (surtout depuis 1860 — soit de 37,000 tonneaux en moins), et l'augmentation des navires à vapeur n'est due, en grande partie, qu'aux constructions pour les Compagnies subventionnées, les Messageries impériales et la Compagnie transatlantique.

On peut en conclure que l'effectif de la Marine marchande non subventionnée a diminué de 6 0/0.

L'effectif de la marine anglaise a suivi une marche toute contraire par une progression constamment croissante.

En 1857 elle possédait :

        1.824 navires à vapeur jaugeant   417.466 tonneaux.
       25.273   —   à voiles   —   4.141.274
____
Ensemble 27.097 navires de toutes jauges   4.558.740 tonneaux.

En 1868, son effectif était de :

        2.944 navires à vapeur jaugeant   902.297 tonneaux
       25.500   —   à voiles   —   4.878.233
____
       28,444 navires   5.780.530 tonneaux

La marine anglaise s'est accrue au total de 1,221,790 tonneaux, soit de 25 0/0.
La Marine à vapeur s'est augmentée de   484.831 tonneaux.
    —   à voiles   —   736.959

En résumant ces chiffres on trouve que dans la période de 1857 à 1868, l'effectif de la marine anglaise s'est augmenté de 203 fois autant que celui de la France.

Ils démontrent encore que jusqu'à la fin de 1868, les Anglais avaient toujours la confiance que les navires à voiles prendraient leur grande part dans le mouvement de la navigation, puisque les navires à voiles avaient augmenté jusque-là dans une plus grande proportion que les navires à vapeur.

Enfin on voit que la marine anglaise dépasse de six fois la nôtre, et si on ajoute l'effectif de sa marine dans ses propres colonies qui était de 1,451,341 tonneaux en 1867, on arrive à chiffrer que la marine anglaise représente plus de sept fois la marine française. — Il faut être bien pénétré du danger qui menace la France pour mettre ainsi à nu toute notre faiblesse.

On a reproché aux armateurs français d'être restés routiniers, en continuant à employer le bois de préférence au fer pour la construction des coques de navires à voiles. — Examinons encore si ce reproche est mérité, nonobstant les conditions différentes dans les. quelles se trouvent les deux nations ; l'Angleterre produisant principalement le fer, et la principale ressource de la France consistant dans le bois.

Disons d'abord que depuis longtemps on étudie la question de savoir quel est le meilleur mode de construction et ce qui est préférable du bois ou du fer pour la construction de la coque. Il est certain que les deux modes ont leurs avantages et leurs inconvénients. Les esprits ne sont pas encore fixés et ne le seront peut-être pas de longtemps sur le système à préférer. On a cherché, pour obvier aux inconvénients des deux systèmes, un moyen mixte consistant dans l'emploi du fer pour la membrure et du bois pour le bordé, mais ce système a aussi ses avantages et ses imperfections. Ce qu'il y a de certain, c'est que jusqu'en 1867, les constructions anglaises étaient encore bien plus considérables en navires voiliers en bois qu'en navires voiliers en fer.

Ainsi sur 1,659 navires anglais construits et enregistrés en 1867 :

1,521 jaugeant 238,560 tonneaux étaient en bois, et 138 jaugeant 77,573 tonneaux étaient en fer.

Il y a plus; les constructions en fer avaient diminué sur les années antérieures ; ainsi en 1864, sur 1,658 navires construits et enregistrés :

1,498 jaugeant 352,812 tonneaux étaient en bois, et 154 jaugeant 125,716 tonneaux étaient en fer.

De la comparaison de ces chiffres il résulte que, en 1864, il a été construit 35 0/0 de navires en fer, et qu'en 1867, la proportion est descendue à 32 0/0. En d'autres termes, il a été construit en Angleterre :

En 1864, 154 navires en fer jaugeant.......................... 125.716 tonneaux.
En 1867, 138   —   — .... 77.573   —
                         Différence en moins.............. 48.143 tonneaux.

Nous n'entendons pas préjuger de l'avenir et nous prononcer sur cette grave question, sujet de controverse pour les hommes compétents ; mais ce qu'il nous est possible de dire, c'est que, à voir la marche des choses en Angleterre jusqu'en 1867 (les documents nous manquent pour aller plus loin), l'hésitation était bien permise aux armateurs français, et que d'ailleurs le moment n'était guère opportun pour prendre une résolution, vu l'état de choses créé par la loi de mai 1866.

Que le navire soit en fer au lieu d'être en bois, cela ne lui donnera pas le fret qui lui manque. Nous sommes dans la situation de propriétaires qui manquent de locataires, et il n'est pas sérieux de leur dire, changez vos matériaux de construction, et vous trouverez ce qui vous manque.

Il en est de ce reproche comme de beaucoup d'autres ; il n'est pas fondé.

Arrivé à ce point de la discussion, il est important de faire justice d'une allégation erronée qui se produit sans cesse sous la plume de nos adversaires. On dit sur tous les tons que la protection est un système suranné qui n'a produit rien de bien, et spécialement que si la marine n'a pas progressé, c'est grâce au système protecteur.

Voyons ce qu'il y a de vrai dans ces dires produits à la légère.

En 1841, l'effectif de la Marine française était de.............. 592.266 tonneaux.

Le 31 décembre 1859, il était de......... .... 1.025.942   —

L'augmentation avait été de.................................... 433.676   —

Il est donc contraire à la vérité de dire que sous le régime de la protection, la Marine n'a pas progressé.

Dans la période de 1860 à 1866, l'effectif de la marine a été en moyenne de 999,648 tonneaux, plus faible de 26,294 tonneaux que le chiffre du 31 décembre 1859, mais cette diminution s'explique d'elle-même par les résultats qui se sont produits à la suite du traité de commerce, en privant la marine française d'un transport de plus de 150,000 tonneaux, venant depuis lors des entrepôts étrangers et encore par les apprehensions d'un régime libre-échangiste absolu, appliqué à la Marine, appréhensions qui ne se sont que trop vite réalisées.

Nous venons de voir que, jusqu'au 31 décembre 1859, il y a eu progression constante sous le régime de la protection. Les choses changent d'aspect à dater de 1860. En conscience, peut-on en accuser la protection? C'est bien le contraire qui est la vérité, et c'est logique, attendu que l'effectif d'une Marine doit être et est en raison du mouvement général des affaires du pays auquel elle appartient.

Nous voyons en effet que le mouvement total de la navigation en France par tous les pavillons, commerce extérieur et cabotage réunis,—entrée et sortie réunies a été, en 1866, de 14,968,855 tonneaux en navires chargés.

L'Angleterre présente en regard le chiffre suivant pour la même année de 1866, de 69,462,864 tonneaux,

.Soit une différence en faveur de l'Angleterre, de 54,474,009 tonneaux.

· Nous allons maintenant comparer les mouvements de la navigation de la France et de l'Angleterre avec leurs colonies respectives et avec l'étranger. Ce mouvement était, en 1867, pour la France, de :

10,366,000 tonneaux (entrée et sortie réunies).

Pour l'Angleterre, de :

32,966,000 tonneaux (entrée et sortie réunies).

En 1867, l'étranger participait pour 60/100ᵐ dans le mouvement des ports français, et il restait seulement 40 0/0 pour le pavillon français.

Et, dans la même année, le pavillon anglais participait au mouvement dans ses ports, dans la proportion de 70/100ᵐ, et le pavillon étranger, seulement pour 30/100ᵐ.

A l'appui de tous les chiffres que nous citons, nous déposons les tableaux officiels.

On voit donc que non-seulement le pavillon étranger prend chez nous la plus grosse part, mais qu'en Angleterre c'est l'inverse qui se produit, le pavillon anglais y conserve toujours la plus grande prépondérance, ce qui prouve toute la supériorité de la marine anglaise sur toutes les marines du monde.

Ceci n'autorise-t-il pas à dire, qu'il y a folie à vouloir lutter avec elle.

A quoi donc attribuer ces grandes différences dans la situation respective des deux pays ?

Aux causes que nous avons déjà indiquées, il faut ajouter pour l'Angleterre l'avantage qu'elle a de posséder des navires d'une plus grande capacité, permettant à chacun d'eux de transporter une plus forte quantité de produits. — Cet avantage est encore dû à l'abondance du fret de sortie, permettant l'emploi de grands navires.

Il n'est pas possible de mettre en doute que l'Angleterre possède chez elle des ressources de fret de sortie que nous ne possédons pas.—Que constatent en effet les tableaux officiels publiés lors de l'enquête en 1863 (tome I, tableau 9, page 123) ? — C'est que dans le mouvement général de la navigation en Angleterre, le tonnage à la sortie est supérieur de 3 0/0 à celui de l'entrée.

En France, c'est l'inverse qui se produit, le même document constate une infériorité à la sortie, de 29 0/0 sur le tonnage d'entrée.

Et de plus, l'importance de notre fret, en regard de celui de l'Angleterre, est comme 1 est à 5.

Or, il est encore incontestable que deux navires naviguant aux mêmes prix de fret, les bénéfices supérieurs sont pour le plus grand navire, et que là où il y a bénéfice pour celui-ci, il y a souvent perte pour le petit navire.

Nous le prouvons par un tableau annexé à nos réflexions.

Les Anglais ont sur nous bien d'autres avantages. — Tous les pays les plus fréquentés, situés au delà du cap de Bonne-Espérance, leur appartiennent. Leurs navires sont toujours placés dans des mains anglaises, tandis que pour nous, c'est le plus souvent le contraire.

Les Anglais ont encore l'avantage sur nous, que les grands produits de leurs colonies sont nécessaires dans leur métropole, tandis que nous ne saurions en dire autant des colonies qu'il nous est permis de citer : Saïgon, la Réunion et nos Antilles.

Le produit principal de la première, le riz, est d'un placement difficile en France et le sucre, produit des autres colonies, rencontre chez nous son similaire, ce qui, à moins de circonstances imprévues, aura tôt ou tard pour effet de le repousser totalement de nos marchés.

Un autre avantage des Anglais sur nous, c'est que dans les pays éloignés, ils peuvent, en raison de l'importance du mouvement de leurs navires sur toutes les rades, congédier à l'arrivée une grande partie des équipages, certains qu'ils sont de pouvoir les reformer, au départ, avec leurs nationaux. Il n'échappera à personne qu'il y a là pour eux une importante source d'économie, et que dans l'abondance de toutes choses, qui leur est propre, réside le secret de leur prospérité.

Dépourvus de la plupart des avantages que nous venons d'énumérer, il n'est malheureusement que trop vrai que notre existence maritime est précaire et que, privés des éléments indispensables qui font leur force et leur puissance, nous végétons à côté d'eux.

La vérité est que pour nous la lutte est insoutenable ; que sans protection nous succomberons, et que mieux vaudrait le reconnaître de suite que de poursuivre une œuvre impossible.

Mais ce ne sont pas seulement les Anglais qui sont à redouter pour nous. — L'aveuglement des auteurs de la loi de 1866 a été tel, qu'en assimilant tous les pavillons, on a appelé au partage de notre fret le pavillon tiers que les traités avaient exclu, et nous voyons chaque jour les pavillons du Nord envahir nos ports de la Manche, soit pour venir y chercher des sorties, soit pour y déposer des chargements de retour, sans que nous ayons à attendre d'eux autre chose qu'une réciprocité sur le papier.

Alors que notre commerce maritime était déjà relativement si restreint, était-il sage d'appeler à le partager des nations qui, en retour, ne pouvaient rien nous offrir?

Les faits qui se produisent sont tout naturels; on pouvait facilement les prévoir; on savait que, à peu près la moitié de l'année, les mers du Nord sont fermées à toute navigation, et que les navires de ces contrées viendraient forcément chez nous opérer leur retour, puisqu'ils ne peuvent aller chez eux. — On savait que pour les destinations d'outre-mer, Dunkerque, Dieppe et le Havre sont sur leur route, soit à l'aller, soi au retour, ce qui est précisément l'inverse pour nous, si nous voulions aller chez eux.

On savait que ces nations pauvres de toutes les industries, se livraient généralement au commerce maritime, et que les salaires réduits et la nourriture frugale de leurs équipages leur procuraient un grand allégement dans les frais; on savait, enfin, que leurs navires construits en bois de sap, gréés et armés avec moins de qualité et de force que nos navires, pouvaient, par conséquent, naviguer à meilleur marché, et que le navire, après avoir navigué quelques années (beaucoup moins que les navires français) au commerce du long-cours, était employé ensuite, lorsqu'il devenait impropre à ces opérations, au transport des bois du Nord, ressource que n'ont pas les navires français. — On savait toutes ces choses ou on aurait dû le savoir; mais ce qui n'est que trop certain, c'est que nous avons ouvert notre caisse pleine à ces peuples qui, en réciprocité, nous ont, il est vrai, ouvert la leur, mais vide.

Il est évident que nous avons fait là un véritable marché de dupe, ou un acte de chevalerie française qui nous a déjà coûté et nous coûtera encore cher, commercialement et politiquement parlant.

Il n'est pas nécessaire, en effet, d'être initié aux secrets de la diplomatie, pour discerner que nous servons tout à la fois les intérêts commerciaux et politiques des puissances du Nord, la Prusse en tête, comme le même système sert les intérêts et la politique du commerce et du gouvernement anglais.

Mais ce qu'il y a de singulier dans les rapports qu'on prétend assimilés entre la France et les puissances du Nord, c'est que nos ports sont ouverts à leurs navires pendant toute l'année, lorsque les leurs nous sont fermés (par un blocus naturel) plusieurs mois, et précisément la cause qui nous empêche d'aller chez eux, est celle qui les amène chez nous! Et on appelle cela de la réciprocité; c'est simplement de la naïveté.

Les effets de cette situation anormale se font vivement sentir dans le port du Havre, en position, plus que tout autre, de fournir aux marines du Nord des aliments de fret tant à la sortie qu'au retour.

Il résulte des tableaux officiels publiés par la direction de la Douane du Havre, un enseignement bien capable de convertir à notre cause les plus endurcis de nos adversaires. En effet, de ces tableaux, il ressort que le nombre des navires allemands entrés au port du Havre, en 1860, était de :

14 navires à voiles jaugeant.................................. 2.783 tonneaux.

et que ce nombre s'est élevé à :

214 navires à voiles jaugeant.......................... 170.666 T^2 }
107 — à vapeur — .... 147.070 } en 1869.
321 navires à voiles et à vapeur...................... 317.736 T^2 }

Soit un tonnage 115 fois plus grand qu'en 1860.

A la sortie le même résultat s'est produit :

En 1860, il était sorti.

12 navires à voiles jaugeant .... 2.543 tonneaux.

En 1869, il est sorti :

135 navires à voiles jaugeant.......................... 154.984 tonneaux.
108 — à vapeur — .... 149.019 tonneaux.
243 navires à voiles et à vapeur...................... 304.003 tonneaux.

Soit un tonnage 118 fois plus grand qu'en 1860.

Et en faisant la comparaison entre 1868, année qui a précédé l'assimilation, et l'année 1869, on trouve que le tonnage allemand offre une augmentation de 355 0/0 pour 1869.

Ces chiffres sont constatés par les documents officiels que nous mettons sous vos yeux. Ces résultats étaient prévus. En 1868, dans une note adressée à la Chambre de commerce et qui fut approuvée par elle, nous disions :

« L'assimilation étant générale, les marines du Nord viendront partager, sans compensa-
» tion pour nous, les transports dont nous profitons seuls aujourd'hui, car on ne peut se
» dissimuler qu'elles sont mieux placées pour venir dans nos ports, que nous ne le
» sommes pour aller dans les leurs. »

3

» En effet, le Havre et les autres ports de la Manche sont sur leur route ; nous au
» contraire, nous ne pouvons aller dans le Nord sans prolonger nos voyages. »

Ce qu'il était si facile de prévoir est arrivé : nous sommes envahis par les marines du
Nord, et rien, absolument rien, ne vient compenser les largesses que nous faisons à ces
puissances ; nous les grandissons en nous affaiblissant. Disons le mot, nous gaspillons, en
enfant prodigue, le peu que nous possédons.

Si les choses devaient continuer à marcher ainsi, il arriverait que les ports français de
la Manche ne seraient plus que des ports d'escale, et les points de départ seraient Hambourg, Brême, Londres, Anvers, etc. — et tous les établissements maritimes français
devraient se transporter dans ces ports afin de profiter des avantages dont jouissent ces
pavillons. Veut-on que les armateurs français portent leurs pénates à l'étranger? Il n'y
a qu'à laisser fonctionner la loi actuelle, car il est impossible de sortir de ce dilemme : ou
le Nord viendra drainer tous nos frets, ou nous irons nous installer dans ses ports en en
faisant le point de départ et d'arrivée de nos navires.

Mais alors, le navire n'aurait de français que le pavillon. Tous les produits des frets se
dépenseraient à l'étranger, etc., etc. Voilà à quelles conséquences nous conduit le système
du libre-échange pour la Marine.

Et qu'on ne dise pas que nous exagérons les fâcheux résultats de la loi d'assimilation
de 1866, qui a aussi dégrevé les navires étrangers du droit de tonnage, car, par suite de
ces mesures, les steamers étrangers dont les points de départ sont principalement Londres
et Hambourg, viennent faire escale au Havre, y séjournent 24 heures, et enlèvent à nos
lignes la plus grande somme de nos frets. — Si nous voulions user de représailles , il
faudrait nécessairement que nos points de départs fussent Londres et Hambourg, et
que nous vinssions seulement faire escale au Havre.

Dans l'état actuel des choses, si la Compagnie transatlantique ne reporte pas son établis-
ment du Havre à l'étranger ; si de fait elle ne change pas de nationalité, ses intérêts se
trouveront gravement compromis, par les escales que font au Havre les steamers étrangers ;
et si elle ne part pas du même lieu et n'y fait pas son retour, elle sera placée inférieure-
ment à ses concurrents, puisqu'ils desservent un port de plus, tant à l'aller qu'au retour.

On a fait beaucoup de bruit du résultat des affaires de la Compagnie hambourgeoise,
dont le dividende a été de 15 0/0 pour l'année 1860, et à ce sujet on s'est écrié, sans
rechercher les causes de cette prospérité, faites donc ce que font les Hambourgeois !

Or, il ne manque qu'une seule chose à l'accomplissement de cette idée, c'est qu'il faudrait
que le Havre fût situé au lieu et place où se trouve Hambourg. — En effet, le grand cou-
rant de l'émigration allemande se produit par Mayence, Manheim et Kehl, et ces points
offrent une importante économie d'argent aux émigrants sur les prix de transport.

Ces prix sont de :

Mayence à Hambourg.........Fr. 18 20	Mayence au Havre...........Fr. 33 »
Manheim à Hambourg........... 19 50	Manheim au Havre............. 30 »
Kehl à Hambourg............... 23 »	Kehl au Havre................. 27 »

De plus, ils sont transportés par la grande vitesse, tandis que sur nos chemins de fer on emploie, pour les transporter, des trains spéciaux à petite vitesse. C'est par cette raison que se trouve compensée la distance plus grande entre Bâle et Hambourg qu'entre Bâle et le Havre, et encore, malgré cette distance plus longue, le prix de transport entre Bâle et Hambourg est de 27 fr. 38 c. et celui de Bâle au Havre de 29 francs. Il y a donc là encore une petite différence en faveur de Hambourg.

Si l'on ajoute à ces considérations d'argent et de temps l'esprit national qui porte les Allemands à donner la préférence aux navires de leur nation, on s'explique facilement les causes qui font de Hambourg un port mieux placé que le Havre pour l'émigration.

Les résultats le prouvent :

En 1860, il est parti de Hambourg 33.520 émigrants, ci................... 33.520
pour les Etats-Unis du Nord (chiffre avoué par la Compagnie, tandis qu'il n'en
a été embarqué au Havre que 18.927 (chiffre officiel), ci 18.927

Différence.....émigrants 14.593

Le prix net du passage, revenant au steamer, étant de 140 francs, il en résulte une différence de produit de...Fr. 2.043.000

Si donc la même ligne partait du Havre et non de Hambourg, elle serait en perte de 800,000, au lieu de faire un bénéfice de 1,200,000 francs environ. Mais ce n'est pas seulement à ce chiffre de 800,000 francs que se bornerait la perte, cette perte s'augmenterait encore de tout le montant du fret sur les marchandises chargées à Hambourg, et de la part que prendraient les steamers hambourgeois dans le transport des émigrants, partant du Havre.

Le steamer français ne peut évidemment que prendre une part dans l transport de marchandises et des passagers qui se trouvent au Havre à destination de New-York, tandis que le steamer hambourgeois profite tout à la fois des marchandises et des passagers qu'il y a à transporter pour New-York, et de ce qu'il prend au Havre pour le même point. Voilà tout le secret du résultat obtenu par la ligne hambourgeoise, qu'aucune autre ligne ne saurait, dans les circonstances actuelles, concurrencer avantageusement au Havre.

Le Havre a déjà perdu, à la suite des mesures que nous combattons, la ligne de navires à voiles sur la Nouvelle-Grenade (Sainte-Marthe et Carthagène) qu'il possédait depuis plus de trente ans. Maintenant les navires à voiles brêmois exploitent cette ligne à leur profit exclusif. Ils passent devant le Havre, ils y séjournent quatre ou cinq jours; ils y complètent leur chargement en recueillant ce qu'il y a de fret sur place, et il ne reste plus rien au navire français. Que peut-on dire de plus pour prouver qu'il est urgent d'apporter un remède à cette situation ?

Il se passe encore quelque chose de plus étrange pour l'Espagne.

En vertu de la loi de mai 1866, les navires de cette puissance sont, comme les navires des autres nations, assimilés aux nôtres, non-seulement en France, mais encore dans nos propres colonies. Ainsi, appliquant à l'Espagne les bénéfices de la loi, les navires de cette puissance sont traités dans les colonies françaises sur le même pied que les navires français et non-seulement le navire, mais encore la cargaison qu'il peut y transporter de France. En d'autres termes, il n'y a aucune différence de traitement entre le navire français et le navire espagnol arrivant dans les colonies françaises, venant soit de l'Espagne, soit de la France. En un mot, l'assimilation est absolue pour le navire aussi bien que pour la cargaison. Pour le retour en France, il y a encore assimilation complète.

Eh bien ! malgré tous ces avantages, l'Espagne qui, en plus, jouit seule de la faveur de faire le cabotage sur nos côtes, en parfaite égalité avec nos navires, nous traite le plus durement qu'il lui est possible dans ses colonies, et de telle sorte que cette puissance profite seule du trafic du transport entre la France et sa plus grande colonie, l'île de Cuba et *vice versâ*.

Ainsi nos navires sont frappés de § 1 (5 fr. 35) par tonneau en plus que la taxe payée par le navire espagnol, puis ensuite la marchandise (le charbon et les carreaux exceptés), sont frappés d'un droit supérieur de 10 à 15 0/0 à celui payé quand la marchandise est importée par navire espagnol. Qu'en résulte-t-il ? C'est que pas un navire français ne peut charger en France pour la Havane, et que toutes les marchandises de Paris, passant par le Havre (et elles sont nombreuses et volumineuses) sont chargées, sans exception, sur des navires espagnols. Est-il rien de plus anormal et de plus blessant pour notre orgueil national et pour nos intérêts que d'assister à ce triste spectacle, et de voir que dans nos propres ports nous ne pouvons pas charger les marchandises françaises.

N'est-ce pas là le comble de l'inconséquence qui a présidé à la mise à exécution de la loi de mai 1866, dans laquelle on s'était cependant réservé la faculté (art. 6) d'élever les droits ou surtaxes sur les marchandises et navires des puissances qui ne nous accorderaient pas la réciprocité. Cet article est resté lettre morte depuis la promulgation de ladite loi.

Pour en finir avec l'Espagne, on voit que nous lui donnons tout et qu'elle ne nous donne rien.

Il en est de même avec le Portugal ; le pavillon de cette nation jouit chez nous de l'assimilation la plus complète, et chez lui nous payons, quand nous y arrivons, des surtaxes comme tiers-pavillon. C'est ce qui explique ce fait singulier que, pour éviter de payer les surtaxes qui nous sont imposées, nous sommes obligés de faire naviguer sous le pavillon portugais, des navires appartenant à des armateurs français.

L'Autriche jouit également dans nos ports de l'assimilation que nous avons accordée à toutes les autres puissances. Elle nous offre, il est vrai, la réciprocité, mais une réciprocité dont nous ne pouvons pas user, car elle ne peut nous offrir que le port de Trieste, situé dans le fond de l'Adriatique. Or, les navires autrichiens font à nos navires une rude concurrence au Brésil et à la Plata pour le retour au Havre et à Marseille, et rien ne vient compenser pour nous ce que nous accordons avec un si grand désintéressement à cette puissance.

On a parlé de la Grèce dans cette enceinte et on l'a présentée comme exemple, pour prouver que le fret de sortie n'est pas indispensable à une nation pour posséder une grande marine. Ce langage peut-il être pris au sérieux? Voudrait-on que la France descendît au onzième rang des puissances maritimes? C'est la place qu'occupe la Grèce!

Existe-t-il une seule personne intéressée de près ou de loin dans le commerce et les affaires maritimes, qui ignore que le prix de fret en retour est d'autant plus élevé que le fret à la sortie a fait défaut?

Et cependant, on n'a pas craint de venir affirmer ici que le fret de sortie n'est pas indispensable!

On croit rêver en entendant émettre de semblables propositions.

Si des puissances d'Europe nous passons maintenant aux États-Unis, il nous faut reconnaître que nous n'avons pas à nous louer des résultats de la convention du 24 juin 1822, dans nos relations commerciales et maritimes avec les États-Unis.

La France a incessamment et considérablement abaissé ses tarifs et même aboli complètement les droits à l'entrée sur beaucoup d'articles et notamment sur le coton, sans rencontrer la moindre réciprocité chez le gouvernement des États-Unis; celui-ci, au contraire, a suivi une marche inverse et a sans cesse augmenté les droits à l'importation des marchandises françaises, augmentations qui varient de 50 à 100 0/0 et au delà sur les tarifs existants à l'époque de la convention.

D'un autre côté, la marine américaine seule a profité du bénéfice de la réciprocité contenue dans la convention. Mieux placée que nous dans ses propres ports pour profiter des frets de sortie, elle s'est emparée du transport des cotons. Les navires français sont par suite très-rares dans les ports américains et notre pavillon n'y est en quelque sorte représenté que par les vapeurs transatlantiques.

Le trafic entre la France et les États-Unis est donc loin d'être une source de produits pour notre Marine.

Si la convention de 1822 doit continuer d'exister, là, au moins, ne devraient-ils pas se borner nos sacrifices volontaires ou forcés? Et devions-nous, après la privation du transport des marchandises des États-Unis en France, accorder aux États-Unis le droit d'être assimilé comme tiers-pavillon?

On le voit, en peuple plus généreux que riche en fret, nous consentons néanmoins à le partager avec des puissances qui ne peuvent ou ne veulent rien nous donner.

Mais pouvons-nous invoquer en faveur du système que nous défendons, un témoignage plus grand que celui des États-Unis?

Le Gouvernement de ce grand pays n'est-il pas en ce moment vivement préoccupé de la marche sans cesse croissante et envahissante de la marine anglaise?

Ne recommande-t-il pas au Congrès de légiférer des mesures énergiques pour protéger la marine américaine contre la marine anglaise?

Et quoi de plus digne de fixer l'attention du législateur français, que cette partie du message que le président Grant a adressé au Congrès, le 23 mars dernier :

« C'est une véritable humiliation pour le nom américain de payer à l'étranger vingt à » trente millions de dollars par an, pour faire ce qui pourrait être exécuté par des navires » appartenant à des Américains.

» C'est un véritable drainage des ressources du pays; c'est la perte d'une somme égale, » appartenant à la nation, jetée à la mer.

» Il faut, ajoute-t-il, que nous possédions, au prix de n'importe quels sacrifices, le com_ » merce tout entier des deux mers qui baignent les côtes des États-Unis. »

Déjà le comité du Congrès avait dit :

« Le résultat d'une concurrence si inégale ne pouvait être que la ruine de la marine » américaine. »

Puis le même rapport posait en principe que :

« La prospérité d'un pays en paix et sa sécurité pendant la guerre dépendent beaucoup » d'une marine marchande effective. »

Nous disons comme le comité du Congrès, ce point de vue est important et mérite toute l'attention des législateurs.

Nous allons maintenant suivre le mouvement dans le port du Havre.

Il résulte du tableau officiel que nous présentons à l'appui de nos citations, que pour la navigation du long-cours et des colonies françaises dans le port du Havre, le prorata entre le pavillon français et les pavillons étrangers a été :

Pour l'entrée :

En 1867, pour le pavillon français	....	63 0/0
—	étranger	37 0/0
En 1868,	— français	58 0/0
—	étranger	43 0/0
En 1869,	— français	54 0/0
—	étranger	40 0/0

Pour la sortie :

En 1867, pour le pavillon français	....	67 0/0
—	étranger	33 0/0
En 1868,	— français	73 0/0
—	étranger	27 0/0
En 1869,	— français	49 0/0
—	étranger	51 0/0

Il résulte de la comparaison de ces chiffres, que de 1867 à 1869, le pavillon étranger a gagné :

9 0/0 à l'entrée
et
18 0/0 à la sortie.

La part prise par le tiers pavillon a augmenté au Havre dans une proportion considérable en 1869.

En effet, en comparant le tonnage des long-courriers à l'entrée venant de l'étranger, on trouve les différences suivantes entre 1868 et 1869.

D'abord, malgré tout le bruit qui a été fait de l'augmentation du mouvement de la navigation, cela se réduit au total à................................... 5,598 ᵀ
soit 1 1/4 0/0.

Mais le pavillon français a perdu .... 15,028 ᵀ

Le pavillon étranger de la Puissance a également perdu .... 30,403 ᵀ

43,521 ᵀ

Et le pavillon tiers a gagné tout ce qu'a perdu le pavillon français, le pavillon étranger venant de son pays et même l'excédant de .... 5,598 ᵀ

Ensemble... 51,119 ᵀ

En résumé, il a plus que doublé, en même temps que le pavillon français est en perte.

A la sortie, le résultat a été encore plus désolant; le pavillon tiers allemand a augmenté de 272 0/0.

La différence entre les tonnages des navires entrés chargés et ceux sortis indiqués comme chargés, a été de 23 0/0.

Il est utile de faire remarquer, ainsi que cela a été fait déjà tant de fois, que les navires sont pleins à l'entrée et qu'ils rapportent un tonnage considérablement plus élevé que leur jauge, tandis qu'à la sortie, beaucoup de navires partent seulement avec une partie de leur chargement, quoique les états de douane les indiquent comme chargés, parcequ'il suffit que le navire ait quelques tonneaux à bord pour figurer dans la catégorie des navires entièrement chargés, d'où il résulte que l'ensemble des sorties est loin de représenter leur jauge; conséquemment, la différence qui vient d'être signalée entre les jauges exprime insuffisamment celle qui existe réellement à un degré beaucoup plus considérable, entre le tonnage importé et le tonnage exporté; et si l'on considère, d'une part, l'avantage comme tonnage des marchandises d'importation, si, de l'autre, on tient compte du vide des navires à la sortie, en ajoutant à ces deux considérations la différence constatée dans le tonnage officiel, c'est se tenir dans une mesure modérée que de n'estimer qu'à 50 0/0 la différence réelle de tonnage entre le fret d'entrée et le fret de sortie.

Ceci éclaire bien des choses; la pénurie du fret de sortie que nous venons de constater est l'explication de ce fait très-facile à comprendre, qu'un navire ne peut pas être construit pour naviguer à vide, et de là la raison qui veut que le navire soit construit dans un tonnage en rapport avec les ressources de sa nation.

Il s'ensuit forcément que les navires français sont généralement d'une faible jauge, et il ne peut pas en être autrement, puisque de plus grands navires ne pourraient pas trouver leur emploi en France.

Mais, disent certaines personnes, pourquoi n'allez-vous pas demander à l'Angleterre le fret qui vous manque?

Que prouve d'abord le conseil?

C'est qu'on ne met pas en doute le défaut de fret de sortie, et on croit trouver un remède à la situation en nous disant d'aller le chercher chez nos voisins. — Mais on oublie bien des inconvénients et des impossibilités à l'accomplissement de ce conseil.

D'abord, les faits prouvent qu'il est à peu près impossible, pour les navires français, de trouver en Angleterre, d'autres frets qu'en charbon, fer ou sel, et ils ne leur sont proposés que parce que les armateurs anglais les refusent aux prix offerts. Ces frets sont toujours les moins payés, d'où il suit que, pour trouver un profit à les accepter, il faut absolument la plus grande économie dans les frais. — Or, il est constant qu'un navire long-courrier qui part du Havre pour aller charger à Cardiff, dépense au moins 10 shillings en perte de temps de navigation, gages, nourriture, etc., dépense qu'un navire anglais venant du canal de Saint-Georges ou de tout point de la Manche de Bristol, économise en grande partie. Car ce n'est rien exagérer que de dire que ce qui coûte 10 shillings au navire français sur un fret de 30 shillings, ne coûte que 5 shillings au navire anglais; que, par conséquent, le navire français perdra 5 shillings sur le navire anglais : or, 5 shillings sur 30, cela représente un cinquième du fret, ou 16 0/0 en moins.

C'est ce qui explique pourquoi il va si peu de navires français en Angleterre pour y chercher des frets de charbons. Et quand cela a lieu exceptionnellement, c'est pour des navires d'un grand tonnage, qui ne trouvant rien en France, se voient dans l'alternative ou de partir sur lest ou d'accepter un fret, quelque misérable qu'il soit.

Avant de quitter l'Angleterre, disons un mot du patriotisme anglais : il se manifeste ouvertement contre nous des sentiments peu bienveillants à propos des affaires maritimes. Le négociant anglais donne toute préférence au navire anglais sur le navire étranger ; ceci est bien connu de tous ceux qui trafiquent avec l'Angleterre.

En veut-on un exemple entre mille : un armateur français de Fécamp achète à Londres, au mois de janvier dernier, le navire *New-Brunswick* et le nationalise français, sous le nom de *Belle-Marguerite*. Avant la conclusion de la vente, les armateurs anglais avaient frété ce navire à des négociants anglais de Londres, pour porter un chargement de Londres à Bombay. Dans l'entrefaite le navire, ainsi que nous venons de le dire, fut vendu à un armateur français ; l'affrétement contracté lui convenait, mais le changement de pavillon n'était pas du goût de l'affréteur anglais, et vu le changement de nationalité, ce dernier exigea la résiliation de l'affrétement et l'obtint. Cependant, l'armateur français ne perdit pas tout espoir de renouer l'affaire, il s'adressa de nouveau aux affréteurs anglais, et finalement ne reçut que cette réponse :

« Nous vous sommes reconnaissants de l'offre que vous nous faites du navire " Belle-
« Marguerite " précédemment nommé " New-Brunswick ". Ce navire ferait parfaitement
« notre affaire pour prendre en ce port un chargement à la destination de Bombay, s'il
« était resté sous pavillon britannique ; mais comme il a été transféré sous le pavillon
« français, nous ne pouvons rien faire avec ce bâtiment. »

GELLATLY, HANKEY, SEEWELL et C°. »

L'armateur français s'adressa alors à l'un des premiers agents de Londres, pour obtenir
« à Londres même » un autre affrétement; il reçut pour toute réponse :

4

« Je suis fâché d'avoir à vous informer que, malgré mes efforts, je ne puis réussir à
» mener à bonne fin l'affrètement du navire " *New-Brunswick,* " par suite de son chan-
» gement de pavillon ; regrettant profondément ce résultat, je reste, etc. »

Est-ce assez concluant ? Nous présentons les originaux des réponses à l'appui de cette
citation.

Voilà comment les Anglais entendent l'assimilation. — Pourquoi en est-il ainsi ? Parce
que les Anglais veulent conserver leur toute-puissance sur les mers ; ils savent qu'une
grande Marine marchande est nécessaire à l'existence d'une forte marine militaire, et que
cette dernière protége leurs nombreuses et vastes colonies, source principale de tout leur
commerce.

Voilà l'explication de leur pratriotique égoïsme !

On dit encore : mais à défaut de fret au départ de France et en retour pour France na-
viguez à l'étranger, faites ce qu'on appelle la navigation interlope. En même temps que le
mot usité indique bien que le navire devient étranger aux intérêts nationaux, on oublie que
ce n'est là qu'un expédient, et qu'en tout cas les promoteurs de cette idée résolvent la question par la question même. En effet, n'est-ce pas précisément le manque de fret, soit à
l'aller, soit au retour, qui est l'unique cause des voyages intermédiaires, et il serait vrai-
ment singulier de trouver bien, que, par suite de la faveur accordée aux pavillons étrangers
de prendre la plus grande place dans le mouvement de notre navigation, les navires français soient dans l'obligation de naviguer à l'étranger.

Ce conseil est donc puéril.

On dit encore (que ne dit-on pas ? les conseils sont plus faciles à donner qu'à suivre), on
dit donc : il vous reste la faculté de faire votre retour à l'étranger. On oublie, en donnant
ce nouveau conseil, que nos navires sont plus petits que les navires anglais ; on oublie que
nous ne pouvons pas aller dans le nord de l'Europe, sans faire des frais considérables ;
que, par conséquent, si le fait pouvait s'accomplir sur une large échelle, ce ne serait qu'à
la destination de l'Angleterre ; mais revient alors la question du faible port de nos navires,
comparé au port plus grand des navires anglais. La cause de notre infériorité se démontre
d'elle-même, et la concurrence à prix égal n'est pas possible.

Mais en supposant un seul instant que ce système puisse fonctionner et que navires français et anglais accomplissent alternativement leur retour en France et en Angleterre, la
proportion entre les deux navires étant comme un est à sept (les marchés anglais et autres
causes déjà énumérées étant la raison d'être de cette situation), il devrait arriver que sur
huit navires français à l'étranger, sept devraient opérer leur retour en Angleterre, et que
sur huit navires également à l'étranger, un seul devrait faire son retour en France.—Voilà

logiquement où conduit le système; il est tellement impraticable, que depuis longtemps nous voyons l'inverse se produire.

Ainsi, les journaux maritimes français ont constaté, aux dates suivantes, que les navires venant des pays hors d'Europe, à la destination de la France, étaient :

Le 7 janvier 1870, au nombre de 180 contre 10 navires français attendus de l'étranger.
Le 25 février 1870,   —   221 — 13   —   —
Le 7 avril 1870,   —   301 — 14   —   —

La plus grande partie des navires étrangers attendus dans nos ports appartenaient aux puissances du Nord, et si nous n'allons pas chez elles, c'est par la raison infiniment simple que leurs navires viennent chez nous à défaut de fret pour leur pays, et sans dérangement de route pour eux. Voilà encore tout le secret de la situation.

Au point où nous sommes arrivés, il importe de faire connaître que dans le traité de commerce conclu avec l'Angleterre le 23 janvier 1860, et des annexes qui y furent ajoutées les 12 octobre et 16 novembre de la même année, il ne s'agissait que des marchandises. En effet, dans une circulaire de l'administration supérieure, donnant des instructions à ses agents, se trouve le passage suivant :

« Il n'est pas dérogé, par le traité de commerce du 23 janvier 1860, au traité de navi-
» gation du 26 janvier 1826, qui, pour *l'intercourse directe seulement* assimile le pavillon
» anglais au pavillon français, en ce qui concerne les droits applicables, soit aux navires,
» soit aux cargaisons. Ce qui implique le maintien des surtaxes de pavillon pour la navi-
» gation indirecte et pour les transports sous pavillon tiers. »

Le traité de commerce du 23 janvier 1860 n'avait donc rien changé pour les relations maritimes avec l'Angleterre ; il avait seulement créé un régime nouveau pour certaines catégories de marchandises, mais il ne résultait de ce traité, ni d'obligation, ni d'engagement pour le présent ou pour l'avenir, d'assimiler complétement le pavillon anglais.

C'est donc à titre gracieux qu'en vertu de la loi de mai 1866, le pavillon anglais est assimilé complétement au pavillon français. Le législateur français n'est tenu par aucun engagement ; il peut, s'il le veut, retirer la faveur qu'il a accordée par cette loi regrettable et il se retrouvera, à l'égard de l'Angleterre, ce qu'il a été jusqu'en mai 1866.

Il est utile d'appuyer sur ce point, à savoir que le gouvernement français a toute liberté de rapporter la loi de mai 1866, n'ayant pris aucun engagement contraire avec aucune puissance.

Il en est de même des faveurs accordées aux entrepôts étrangers par l'abaissement des surtaxes sur certaines marchandises, et le dégrèvement complet sur d'autres marchandises en assimilant ces derniers aux importations directes.

Nous pouvons donc aborder cette question, avec la certitude que le gouvernement, mieux éclairé qu'il ne l'a été précédemment sur les conséquences fâcheuses de ses propres mesures, peut apporter un remède au mal qui s'est produit à la suite des faveurs accordées.

Les chiffres officiels ne sont que trop éloquents pour prouver combien notre Marine et notre commerce des ports, ont été éprouvés par la détaxe, en tout ou en partie, des matières premières venant des entrepôts d'Europe.

En comparant sur les tableaux officiels les chiffres des années 1859, avant le traité, et la dernière année connue 1868, on trouve les différences suivantes :

Il avait été importé des entrepôts :

En 1859 kil. 20.979.890 ayant une valeur de.... ....Fr. 30.804.680 »
En 1868 — 97.802.264 — .... 159.177.746 »

Différence en plus
pour 1868 — 76.822.384 — ' ....Fr. 128.373.053 »

En convertissant en tonneau d'affrétement les marchandises importées on obtient :
33.537 tonneaux pour 1859.
et 164.117 — 1868.

Différence en plus
pour 1868 131.578 tonneaux.

On voit clairement, que par suite de ces importations indirectes, nos marchés ont perdu le commerce de marchandises pour une valeur de 128,000,000 francs et la navigation directe 131,500 tonneaux et au profit de qui ? Du commerce européen étranger et des marines étrangères, même des marines étrangères faisant la navigation de cabotage entre leur pays et la France.

Quand on voit le résultat final de toutes les fautes commises, peut-on s'étonner encore de la décadence de notre marine et de notre commerce ?

La guerre de sécession aux États-Unis, donna une impulsion très-grande à la culture du coton dans les Indes par suite des hauts prix auxquels s'élevèrent tous les cotons en Europe. On eut alors l'espoir que le Havre profiterait dans une large proportion de l'importation directe des cotons ; cet espoir ne s'est que faiblement réalisé, la plus grande somme des cotons de cette provenance, nous étant venue des entrepôts de Londres et de Liverpool, au profit entier du pavillon anglais; de ce chef, nous avons reçu en 1868, 21,038,785 kil. de coton soit un tonnage de 42,058 tonneaux.

Les autres marchandises venues des entrepôts, forment un tonnage de 122,039 tonneaux.

Il en est résulté, que depuis la mise en vigueur des mesures qui permettent, sans surtaxe ou avec des surtaxes réduites, l'admission des marchandises des possessions anglaises, par les entrepôts anglais, le commerce du pavillon français au-delà du cap de Bonne-Espérance est presque éteint.

Or, c'est pour notre pavillon la privation de 164,000 tonneaux de transport. — En évaluant le prix du fret, au faible cours de 80 francs par tonneau, c'est une perte de 13,120,000 francs pour la marine française, et un tribut égal que nous payons à l'étranger.

Notre marine déjà si pauvre, pouvait-elle s'attendre à ce qu'on lui porterait un si terrible coup?

Mais cette situation n'a pas seulement pour effet la privation de cet important tonnage, en retour, elle ralentit ou arrête le mouvement de la navigation à la sortie; ainsi nous-mêmes qui avons exploité pendant bien des années deux lignes régulières, l'une sur Maurice et l'autre sur la Réunion, nous y avons renoncé depuis cinq à six ans, parce que les frets en retour nous manquaient de tous côtés.

Par la même raison, nous avons encore renoncé au transport des coolies dans l'Inde; nous avons déclaré au Gouvernement que nous ne voulions plus renouveler les contrats qui étaient arrivés à échéance.

Et à quel moment tout cela s'est-il produit? Au moment où la récolte du sucre de la Réunion allait en décroissant chaque année pour tomber de 75,000 tonneaux à 23,000 tonneaux en 1868 et 1869.

En conscience, comment peut-on prétendre avec quelque raison que la Marine française peut prospérer au milieu de toutes ces déceptions?

Il importe donc de rétablir les surtaxes d'entrepôt, de manière à protéger nos marchés et notre Marine.

Quand on envisage froidement et consciencieusement les résultats généraux produits par le traité de commerce de 1860 et par la loi de 1866, on n'aperçoit que des pertes pour la Marine et le commerce français.

Les navires français sont remplacés par les navires étrangers; les marchés étrangers fournissent à notre consommation ce que les marchés français alimentaient précédemment; nos frets ont baissé partout dans une proportion telle que nos navires ne donnent plus que de la perte; les correspondances de l'étranger n'hésitent pas à attribuer la baisse des frets pour France à la concurrence des autres pavillons; les armateurs à quelques noms près (l'exception ne fait pas la règle) sont unanimes à dire que l'industrie maritime est perdue si on maintient la législation actuelle, et qu'il n'est que juste temps de décider si, oui ou non, on veut en France une Marine marchande nationale, parceque s'il est possible d'admettre qu'on doit sacrifier cette industrie aux principes du libre-échange, il n'y a qu'à laisser faire, la place sera vite occupée par le pavillon étranger, la France deviendra tributaire envers l'étranger, de la somme de tous les frets ; nos industries maritimes seront ruinées ; nos ouvriers et nos marins tomberont dans la misère. — Si on veut voir le pavillon étranger flotter seul dans les ports (et il s'y trouve déjà en majorité) qu'on laisse la liberté à tous d'entrer chez nous, le résultat ne se fera pas attendre.

Mais si au contraire, l'on vient à ouvrir les yeux sur les périls qui nous menacent ; si le sentiment des intérêts français domine les esprits ; si on veut bien croire d'honnêtes gens, prêts à déclarer sur leur honneur, que la situation est des plus critiques, que l'expérience qu'ils ont acquise des affaires maritimes, ne leur laisse aucun doute sur les causes qui ont donné naissance à la déplorable situation actuelle, et sur la fatale issue de la lutte, il faudra bien arriver à trouver un remède.

S'il était possible que quelques-uns se trompassent sur l'appréciation des faits, le doute n'est plus permis devant l'unanimité des plaintes des armateurs, car ne pouvant contester leur expérience, il faudrait alors mettre en doute leur bonne foi, et comme elle ne peut pas être discutée, on arrive forcément à reconnaître qu'ils disent la vérité.

Nous en revenons donc à dire qu'il faut choisir, entre laisser mourir notre Marine en soutenant une lutte inégale, ou la relever par la protection. — Hors de là, il n'y a pas de salut ; car le dernier moyen que l'on suggère pour sauver la Marine, ne pourrait (si la chose est possible) qu'aggraver sa fâcheuse situation.

On dit : substituez le navire à vapeur au navire à voiles, là est la solution de la question.

Nous répondons, qu'on ne ferait ainsi que changer d'arme en conservant les conditions inégales du combat, que par conséquent la lutte n'en serait que plus acharnée et plus terrible, mais sans détruire l'inégalité résultant du nombre de sept contre un.

Oui, dans une certaine proportion, il est évidemment nécessaire qu'une substitution ait lieu, mais pour qu'elle puisse s'accomplir suivant les besoins qui se feront sentir, il faut absolument la protection, car, sans elle nous serons évidemment écrasés par les nombreux et puissants steamers anglais existants sur toutes les mers.

A quelque point de vue qu'on se place, on ne voit donc que lutte et défaite.

Il faut cependant éviter à tout prix un désastre.

Nous sommes dans le vrai en invoquant tout à la fois les grands intérêts qui se rattachent à la Marine et les nécessités de la politique, et en proclamant l'urgence de mesures efficaces pour protéger l'industrie maritime.

Si nous avons eu le bonheur, Messieurs, d'avoir fait pénétrer dans vos esprits éclairés, la vérité sur la situation des affaires maritimes, nous attendons de vous, avec confiance, une décision favorable aux grands intérêts que nous avons l'honneur de défendre devant vous.

Nous vous prions de vous prononcer en faveur du régime de la protection, en le reconnaissant indispensable au maintien et au développement de notre marine, et vous serons reconnaissants de proposer au Corps législatif et au Gouvernement les mesures ci-après :

1° Qu'une protection modérée nous soit accordée contre le tiers-pavillon, par l'application de droits différentiels à l'entrée sur les marchandises, et par un droit de tonnage plus élevé sur le navire ;

2° Que les surtaxes des entrepôts soient établies de manière à favoriser les importations directes ;

3° Qu'indépendamment des mesures essentielles indiquées ci-dessus, des modifications soient apportées au régime de l'inscription maritime, notamment en ce qui concerne les frais de rapatriement et qui devront rester à la charge de l'État ; que le temps de service dû par le marin soit proportionné à celui exigé dans l'armée de terre ; qu'enfin une étude sérieuse ait lieu sur la situation de la caisse des invalides, afin de permettre, si c'est possible, une augmentation de retraite après 20 ans de navigation au lieu de 25.

Il ne me reste plus, Messieurs, qu'à vous dire quelques mots à propos de nos consuls. Le sentiment général du commerce est que, dans beaucoup de lieux, nous ne sommes pas convenablement représentés à l'étranger. Nos consuls, pour la plupart, manquent des connaissances nécessaires à l'exercice de leurs fonctions ; nos capitaines ne trouvent pas près d'eux l'appui désirable ; au lieu de les éclairer, il arrive fréquemment qu'ils leur donnent des conseils contraires aux intérêts des armements.

Nous avons eu nous-mêmes à souffrir tout récemment de l'immixtion des consuls dans nos affaires, nous nous en sommes plaints au Gouvernement, et nous espérons qu'il sera fait droit à nos réclamations.

En un mot, et comme nous avons déjà eu occasion de le dire, les consuls devraient être plus pénétrés qu'ils ne le sont généralement des intérêts de la Marine marchande. Le plus sûr moyen d'y arriver serait peut-être de les désintéresser complétement dans les procédures. Dans cet ordre d'idées, leur concours devrait être entièrement gratuit, et de plus, le choix du Gouvernement devrait se porter de préférence sur nos nationaux et sur des hommes ayant la connaissance pratique des affaires, d'un caractère bienveillant et dévoués aux intérêts français.

RÉSUMÉ DES ANNÉES 1865 A 1869.

ANNÉES	NOMBRE des navires.	TONNAGE en retour.	NOMBRE d'hommes	FRAIS de maladie	FRAIS de sépultures.	RAPATRIEMENTS	CONDUITES.	GAGES payés depuis la maladie.	TOTAUX.	REMBOURSEMENT d'avances par les marins ayant manqué le départ.
1865	66	38.551	1.257	8.899 25	959 87	257 37	121 60	1.506 24	11.744 33	460 50
1866	77	46.373	1.449	12.853 »	63 »	1.043 18	214 55	4.336 65	18.510 38	313 60
1867	82	52.693	1.565	12.423 78	» »	4.303 29	77 62	3.109 45	20.004 14	274 57
1868	75	50.509	1.425	11.460 90	249 50	203 »	» »	1.057 »	13.570 40	160 »
1869	69	46.361	1.256	13.825 84	1.662 30	506 47	» »	2.645 50	18.640 11	» »
	369	234.492	6.952	59.162 77	2.934 67	6.313 31	413 77	13.644 84	82.469 36	1.208 67

RÉSULTAT DE LA NAVIGATION DANS LES MERS CI-APRÈS :

Etats-Unis (Nord-Sud). — Antilles françaises. — Antilles étrangères (Havane et Haïti). — Mexique. — Côte-Ferme. — Cayenne. — Brésil. — Plata. — Mers du Pacifique. — Côte d'Afrique. — Indes. — Cochinchine. — Australie. — Nouvelle-Calédonie.

NAVIGATION COMPARÉE DES MARINES FRANÇAISE ET ANGLAISE

PRENANT PART AU COMMERCE ENTRE LA FRANCE ET L'ANGLETERRE

y compris ses possessions dans la Méditerrannée (MALTE et GIBRALTAR)

		ENTRÉE DES NAVIRES CHARGÉS.									
		1857	1858	1859	1860	1861	1862	1863	1864	1865	1866
TONNAGE des NAVIRES.	Français....	412.025	404.805	371.156	387.709	440.336	490.765	404.673	400.001	419.247	408.423
	Anglais.....	1.088.485	1.056.364	1.209.654	1.182.588	1.333.111	1.421.548	1.419.118	1.498.154	1.683.462	1.958.707
	Tiers.......	50.945	39.370	55.310	13.191	12.170	16.065	14.323	14.717	17.705	13.445
	Total.......	1.551.455	1.500.539	1.636.450	1.583.488	1.785.617	1.931.378	1.838.114	1.912.902	2.120.114	2.380.575

EFFECTIFS COMPARÉS DES MARINES MARCHANDES
ANGLAISE ET FRANÇAISE
(d'après les documents officiels anglais et français.)
(1866)

MARINE ANGLAISE

	NAVIRES A VOILES de 50 tonneaux et au-dessus.			NAVIRES A VAPEUR de 50 tonneaux et au-dessus.	
	NOMBRE.	TONNEAUX.		NOMBRE.	TONNEAUX.
En Europe......	16.162	4.594.186		1.851	852.202
Dans nos Colonies	5.924	1.278.312		367	73.361
	22.086	5.872.498	22.086 / 265 ᵀ	2.218	925.563	2.218 / 417 ᵀ

RÉSUMÉ.

22.086	Navires à voiles de 50 ᵀ et au-dessus.		5.872.498 ᵀ
2.218	id. à vapeur	id.	925.563
24.304			6.798.061 ᵀ

Jauge moyenne des navires à voiles.... 265 ᵀ
id. des navires à vapeur... 417

MARINE FRANÇAISE

NAVIRES A VOILES de 50 tonneaux et au-dessus.			NAVIRES A VAPEUR de 50 tonneaux et au-dessus.	
NOMBRE.	TONNEAUX.		NOMBRE.	TONNEAUX.
5.465	833.693	5.465 / 152 ᵀ	407	127.777	407 / 314 ᵀ

RÉSUMÉ.

5.465	Navires à voiles de 50 ᵀ et au-dessus....		833.693 ᵀ
407	id. à vapeur	id.	127.777
5.872			960.870 ᵀ

Jauge moyenne des navires à voiles.... 152 ᵀ
id. des navires à vapeur... 314

RÉSUMÉ GÉNÉRAL.

L'Angleterre possédait en 1866, en tonnage (navires à voiles et navires à vapeur) sept fois autant que la France.

Et les jauges comparées donnent les résultats suivants :

En moyenne la jauge des navires voiliers anglais est supérieure de 74 pour cent.
id. navires à vapeur anglais id. de 32 id.

MARCHE PROGRESSIVE DES EFFECTIFS DES MARINES

FRANÇAISE ET ANGLAISE

de 1860 à 1867 (Tableaux officiels).

MARINE FRANÇAISE

Possédait au 31 décembre 1860.   en 1867.

	NAVIRES.	TONNAGES.		NAVIRES.	TONNAGES.		NAVIRES.	TONNAGES.
Navires à vapeur..	314	68.025	Navires à vapeur.	420	133.158	Différence en plus.	106	65.133
Navires à voiles..	5.729	855.523	id. à voiles.	5.373	832.542	id. en moins.	356	22.981
	6.043	923.548		5 793	965.700	En plus..		42.152

RÉSUM POUR LA FRANCE.

(Période de 1860 à 1867.)

Le tonnage total s'est augmenté de 4 3/4 0/0.

N. B. — La principale cause de l'augmentation du tonnage des steamers provient de la construction de steamers subventionnés, autrement on serait en décroissance.

MARINE ANGLAISE

Possédait au 31 décembre 1860.   au 31 décembre 1867.

	NAVIRES.	TONNAGES.		NAVIRES.	TONNAGES.		NAVIRES.	TONNAGES.
Steamers..	1.384	471.628	Steamers..	2.224	943.767	Différence en plus.	840	472.139
Voiliers..	20.205	4.569.704	Voiliers..	21.679	5.768.740	id.	1.474	1.199.036
	21.589	5.041.332		23 903	6.712.507		2.314	1.671.175

RÉSUMÉ POUR L'ANGLETERRE.

(Période de 1860 à 1867.)

Le tonnage total s'est augmenté de 33 0/0.
La marine française s'est augmentée de   42.152 tonneaux.
La marine anglaise   id.   de 1.671.175 id.
La marine anglaise a donc progressé *40 fois* plus que celle de la *France*.

NAVIGATION.

TABLEAU DE L'EFFECTIF DE LA MARINE MARCHANDE EN FRANCE.

NAVIRES A VAPEUR.

1857	330	72.070
1858	324	66.587
1859	324	65.006
1860	314	68.025
1861	327	73.267
1862	338	78.081
1863	345	84.918
1864	364	97.884
1865	385	108.328
1866	407	127.777
Moyenne décennale... { 1857 à 1866	346	84.284
1847 à 1856	164	26.599
1837 à 1846	94	9.556

TONNAGES DES NAVIRES A VOILES ET A VAPEUR.

	Navires de 50 tonneaux et au-dessous.			
1857	8.781	70.494	15.175	1.052.535
1858	8.854	71.314	15.187	1.049.844
1859	8.837	71.623	15.032	1.025.942
1860	8.879	72.576	14.922	996.124
1861	9.091	74.558	15.065	983.996
1862	9.164	76.581	15.132	982.571
1863	9.184	77.266	15.092	985.235
1864	9.330	78.336	15.184	998.519
1865	9.201	77.946	14.814	996.345
1866	9.765	81.940	15.637	1.042 811
Moyenne décennale.. { 1857 à 1866	9.109	75.263	15.124	1.011.392
1847 à 1856	8.776	68.247	14.464	760.173
1837 à 1846	9.576	76.921	14.428	634.362
1827 à 1836	10.246	83.430	14.962	678.866

EFFECTIF DE LA MARINE ANGLAISE

DANS SES PROPRES COLONIES.

ANNÉES.	NAVIRES A VOILES.				STEAMERS.			
	au dessous de 50 tonneaux.		au-dessus de 50 tonneaux		au-dessous de 50 tonneaux.		au-dessus de 50 tonneaux.	
	NOMBRE.	TONNAGE.	NOMBRE.	TONNAGE.	NOMBRE.	TONNAGE.	NOMBRE.	TONNAGE.
1860	4.937	134.916	4.303	662.805	89	2.656	188	35.797
1861	4.966	134.586	4.322	688.800	87	2.631	203	43.666
1862	5.123	138.552	4.387	717.961	92	2.711	227	46.178
1863	5.331	151.602	5.390	1.079.583	98	2.867	281	57.303
1864	5.717	136.623	5.992	1.232.015	112	3.221	325	66.623
1865	5.633	151.368	6.116	1.281.715	119	3.356	351	72.543
1866	5.559	152.401	5.921	1.278.312	130	3.515	367	73.361
1867	5.619	153.094	5.799	1.226.451	119	3.940	311	67.860

EFFECTIF DE LA MARINE ANGLAISE

AU 31 DÉCEMBRE DES ANNÉES SUIVANTES.

ANNÉES.	NAVIRES A VOILES.				BATEAUX A VAPEUR.			
	de 50 tonn. et au-dessous.		au-dessus de 50 tonneaux.		de 50 tonn. et au-dessous.		au dessus de 50 tonneaux.	
	NOMBRE.	TONNAGE.	NOMBRE.	TONNAGE.	NOMBRE.	TONNAGE.	NOMBRE.	TONNAGE.
1860	9.761	297.461	15.902	3.906.899	804	18.496	1.196	435.831
1861	9.866	301.885	16.039	3.998.633	857	19.745	1.276	486.563
1862	10.054	308.858	16.158	4.087.651	901	20.927	1.327	516.961
1863	9.927	305.930	16.412	4.425.287	909	21.337	1.389	575.519
1864	9.817	303.356	16.325	4.626.863	926	21.961	1.564	675.320
1865	9.836	301.744	16.233	4.632.032	973	23.305	1.745	800.228
1866	9.978	309.466	16.162	4.594.186	980	23.483	1.851	852.262
1867	9.962	310.622	15.880	4.542.289	1.031	25.155	1.880	875.907

NOTE

EFFECTIF DU PORT DU HAVRE.

Les chiffres de la douane indiquent :

392 navires (à voiles et à vapeur)... 136.104 ^{T}

Cet état comprend *tous* les navires inscrits au port du Havre (voiliers et vapeurs) — bateaux pêcheurs (20 à 25, jauge moyenne 7 ^{T} environ); — bateaux pilotes (25 à 30, jauge moyenne 15 ^{T} environ) — 5 ou 6 yachts, — les remorqueurs, — les caboteurs et les long-courriers.

Mais des chiffres ci-dessus............	392 navires................	T. 136.104
Il faut déduire..............	13 »	— 3.916

perdus et non régularisés en 1860.

Il reste..................	379 navires.................	— 132.188
comprenant	5 steamers subventionnés..	— 9.969
	374 navires à voiles et à vapeur	— 122.219

Dans ces nombres figurent comme caboteurs ou considérés comme tels :

37 navires de 100 à 200 ^{T}	5.724	
20 » de 60 à 100	1.502	
15 » de 30 à 60	622	
7 » de 20 à 30	172	
39 » de 10 à 20	594	
22 » au-dessous de 10 ^{T} .	141	
140 navires. T....	8.755	
	140 navires................	— 8.755
	234 navires................	T. 113.464

dont 4 navires à vapeur..........................	T.	2.253
230 » à voiles..........................	—	111.211
234 navires.	T.	113.464

ÉTAT DES NAVIRES A VOILES ET A VAPEUR

en bois ou fer,

CONSTRUITS ET ENREGISTRÉS DANS LE ROYAUME-UNI ET DANS LES POSSESSIONS ANGLAISES.

ANNÉE.	NAVIRES A VOILES.				STEAMERS.			
	BOIS.		FER.		BOIS.		FER.	
1860	1.353	217.651	32	13.581	49	2.611	152	51.372
1861	1.298	222.628	43	22.727	46	2.712	150	68.368
1862	1.215	231.808	63	40.596	46	2.387	158	66.082
1863	1.509	377.919	142	107.074	58	5.816	210	105.837
1864	1.498	352.812	151	125.716	60	9.420	347	157.270
1865	1.791	362.321	116	85.055	62	5.292	351	177.816
1866	1.739	302.716	117	73.026	71	5.819	308	130.672
1867	1.521	238.560	138	77.573	69	5.007	235	92.039

ÉTAT GÉNÉRAL DE LA

NAVIRES ANGLAIS

POUR LES VOYAGES DU PETIT ET DU

| ANNÉES. | ENTRÉES. | | | | | | | | SORTIES. | | | |
| | ANGLAIS. | | | | ÉTRANGERS. | | | | ANGLAIS. | | | |
	NAVIRES A VOILES.		STEAMERS.		NAVIRES A VOILES.		STEAMERS.		NAVIRES A VOILES.		STEAMERS.	
1860	145.563	14.476.334	36.645	9.474.232	24.281	4.999.024	1.408	409.729	148.937	14.817.454	35.944	9.243.108
1861	146.036	15.035.539	38.021	10.113.044	24.660	5.145.450	1.559	430.764	149.883	15.236.384	37.512	9.898.891
1862	146.211	14.728.982	39.300	10.690.073	24.840	4.817.081	1.796	513.105	149.119	15.163.684	38.434	10.421.059
1863	142.901	14.758.968	39.797	11.333.142	23.949	4.411.354	1.666	524.563	146.265	15.157.390	38.846	11.021.775
1864	142.182	14.769.690	40.201	11.820.690	22.621	4.005.289	1.628	483.244	146.626	15.333.914	39.358	11.528.784
1865	139.362	14.772.981	42.251	13.220.187	23.101	4.217.315	1.859	586.383	141.929	15.069.220	31.457	12.842.552
1866	132.101	14.279.050	46.657	13.132.655	23.087	4.388.678	1.900	659.717	134.799	14.645.712	45.147	14.546.650
1867	130.330	14.425.514	48.288	15.319.687	23.308	4.491.875	2.153	770.321	131.503	14.743.560	47.314	14.890.449

NAVIGATION ANGLAISE

ET ÉTRANGERS.

GRAND CABOTAGES ET LE LONG-COURS.

SORTIES.				TOTAL DES ENTRÉES.				TOTAL DES SORTIES.			
ÉTRANGERS.				ANGLAIS.		ÉTRANGERS.		ANGLAIS.		ÉTRANGERS.	
NAVIRES A VOILES.		STEAMERS.		VAPEURS ET VOILIERS.		VAPEURS ET VOILIERS.		VAPEURS ET VOILIERS.		VAPEURS ET VOILIERS.	
25.556	5.224.422	1.186	382.195	182.208	23.950.566	25.689	5.408.750	184.878	21.060.362	26.742	5.606.617
26.255	5.110.570	1.163	395.222	184.057	25.148.525	26.219	5.576.214	187.305	25.135.275	27.398	5.805.801
26.143	4.972.492	1.227	463.273	185.511	25.419.055	26.636	5.330.186	187.573	25.584.743	27.370	5.435.765
24.910	4.593.843	1.272	492.789	182.698	26.092.110	25.613	4.935.917	185.111	26.179.165	26.212	4.981.634
23.050	4.134.121	1.316	456.862	182.383	26.590.380	24.249	4.578.553	185.984	26.862.698	24.366	4.591.283
24.011	4.405.611	1.678	557.464	181.613	27.993.168	24.960	4.803.698	183.086	27.911.372	25.719	4.964.073
23.907	4.598.634	1.644	622.644	178.758	29.112.605	24.987	5.048.425	179.946	20.192.362	25.548	5.221.248
23.818	4.616.677	1.984	751.148	178.618	29.765.201	25.461	5.262.196	178.817	20.634.000	25.802	5.367.825

TRANSPORTS COMPARÉS DE LA FRANCE ET DE L'ANGLETERRE

ENTRE 1860 ET 1866.

COMMERCE EXTÉRIEUR ET CABOTAGE RÉUNIS.

FRANCE.

ENTRÉE ET SORTIE. — COMMERCE EXTÉRIEUR ET CABOTAGE RÉUNIS.

ANNÉES.	NAVIRES CHARGÉS. TONNEAUX DE JAUGE.	NAVIRES SUR LEST. TONNEAUX DE JAUGE.	PROPORTION DES NAVIRES SUR LEST.
1860	12.601.688	3.107.608	26 0/0
1866	14.988.855	3.906.258	

Augmentation en tonneaux...... 2.297.167   ou 18 0/0.

ANGLETERRE.

ENTRÉE ET SORTIE. — COMMERCE EXTÉRIEUR ET CABOTAGE RÉUNIS.

ANNÉES.		NAVIRES CHARGÉS. TONNEAUX DE JAUGE.	
1860	Entrée............	29.359.306	59.026.485
	Sortie............	29.667.179	
1866	Entrée............	34.461.030	69.462.864
	Sortie...	35.001.834	

Augmentation en tonneaux...... 10.436.379   ou 18 0/0.
Augmentation de la France...... 2.297.167

Balance en faveur de l'Angleterre. 8.139.212   d'augmentation.

Et dans le résultat final de..... 54.474.000   en plus pour l'Angleterre.

ÉTAT COMPARATIF

DES MOUVEMENTS DE LA NAVIGATION DE LA FRANCE ET DE L'ANGLETERRE AVEC LEURS COLONIES RESPECTIVES ET AVEC L'ÉTRANGER.

FRANCE.
ENTRÉE ET SORTIE RÉUNIES.

	1863	1864	1865	1866	1867	1868
	1000 TONNEAUX.	1000 TONNEAUX.	1000 TONNEAUX.	1000 TONNEAUX.	1000 TONNEAUX.	1000 TONNEAUX.
Français....	3.313	3.347	3.512	3.686	4.019	4.087
Étrangers...	4.282	4.430	4.949	5.578	6.347	6.437
	7.595	7.777	8.461	9.264	10.366	10.524

ANGLETERRE.
ENTRÉE ET SORTIE RÉUNIES.

	1863	1864	1865	1866	1867
	1000 TONNEAUX.	1000 TONNEAUX.	1000 TONNEAUX.	1000 TONNEAUX.	1000 TONNEAUX.
Anglais..........	16.994	18.365	19.540	21.442	22.526
Étrangers........	9.029	9.440	9.592	10.037	10.430
	26.023	27.805	29.132	31.479	32.956
Sortie...........	13.609	13.782	14.697	15.755	16.512

COMPTE RENDU DU 1er VOYAGE D'UN NAVIRE DE 1,000
COÛTANT MIS DEHORS, 400.000 FRANCS.

DÉPENSES.

Au Départ.				
Lest, 300 mètres à 7 fr.		2.100 »		
Emb¹ de bl.		300 »		
Arrimage de la cargaison		2.500 »		
Compte du courtier, pilotage à la sortie, etc.		500 »	5.300 »	5.300 »
A l'Étranger.				
Frais divers à l'étranger, pilotage, déchargement et embarquement				6.000 »
Assurance Maritime.				
Sur F. 440.000, une année à 7 0/0			30.800 »	30.800 »
Gages d'équipage, une année.				
1 Capitaine	300 fr. par mois	2.400 »		
1 Second	130 »	1.560 »		
1 Lieutenant	55 »	600 »		
1 Maître d'équipage	90 »	1.080 »		
1 Charpentier	75 »	900 »		
13 Matelots	55 »	8.580 »		
3 Novices	35 »	1.260 »		
2 Mousses	25 »	600 »		
1 Cuisinier	80 »	960 »	18.000 »	18.000 »
Nourriture d'équipage, 365 jours.				
3 à la chambre 2 fr. 50 par jour		2.737 50		
21 à l'équipage, 1 fr. 30 par jours		9.964 50	12.702 »	12.702 »
Au Retour.				
Frais divers, remorquage, etc.		1.000 »		
Compte du courtier, droits, courtage, etc.		2.500 »		
Mise à terre et pesage du chargement		2.400 »	5.900 »	5.900 »
Chapeau du Capitaine 3 0/0 s/ fr. 210.000			6.300 »	6.300 »
Fr.			79.002 »	
Commissions.				
2 0/0 sur débours montant à fr. 79.002		1.580 05		
3 0/0 comm., Havre 2 0/0 et Paris 1 0/0, s/ fret d'aller fr. 70.000		2.100 »		
2 1/2 0/0 commission d'encaissem. à destination d'aller, fr. 70.000		1.750 »		
2 1/2 0/0 id. de l'affréteur s/ fret de retour, fr. 140.000		3.500 »		
2 0/0 id. d'encaissement de fret au Havre, fr. 140 000		2.800 »	11.730 05	
Fr.				90.732 05
Réarmement. — Coût du réarm. (*Travaux divers, voiles, gréements, etc.*)				22.000 »
Dépréciation. — 6 0/0 s/ fr. 400.000				24.000 »
Intérêts. — 6 0/0 s/ fr. 400.000				24.000 »
				160.732 05
Bénéfice du Voyage				49.267 95
Fr.				210.000 »

TONNEAUX DE JAUGE ET DE 1,400 TONNEAUX DE PORT.

DURÉE DU VOYAGE, UN AN.

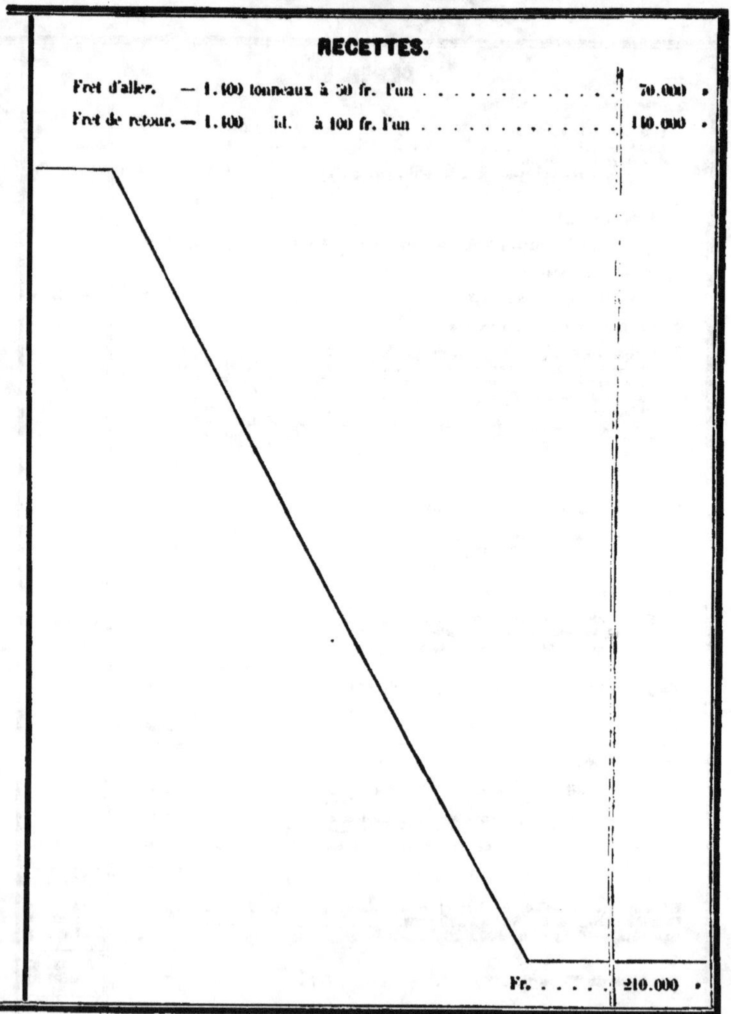

COMPTE RENDU DU 1ᵉʳ VOYAGE D'UN NAVIRE DE 500
COÛTANT MIS DEHORS, 225.000 FRANCS.

DÉPENSES.

Au Départ.

Lest, 150 mètres à 7 fr	1.050 »		
Emb[?] de id.	100 »		
Arrumage de la cargaison	1.300 »		
Compte du courtier, pilotage à la sortie, etc.	350 »	2.800 »	2.800 »

A l'Étranger.

Frais divers à l'étranger, pilotage, déchargement et embarquement	4.000 »	

Assurance Maritime.

Sur fr. 247.500, une année à 7 0/0	17.325 »	17.325 »

Gages d'équipage, une année.

1 Capitaine	300 fr. par mois	3.600 »		
1 Second	130 »	1.560 »		
1 Maître d'équipage..	90 »	1.080 »		
1 Charpentier	75 »	900 »		
8 Matelots	55 »	5.280 »		
2 Novices	35 »	840 »		
2 Mousses	25 »	600 »		
1 Cuisinier	80 »	960 »	13.520 »	12.620 »

Nourriture d'équipage, 365 jours.

2 à la chambre, 2 fr. 50 par jour	1.825 »		
15 équipage, 1 fr. 30 id.	7.117 50	8.942 50	8.942 50

Au retour.

Frais divers, remorquage, etc.	600 »		
Compte du courtier, droits, courtage	1.400 »		
Mise à terre et pesage du chargement	1.400 »	3.400 »	3.400 »

Chapeau du Capitaine, 3 0/0 s/ fr. 105.000 ... 3.150 » | 3.150 »

Fr..... 49.237 50

Commissions.

2 0/0 sur débours montant à fr. 49.237 50	984 75	
3 0/0 comm., Havre 2 0/0 et Paris 1 0/0 s/ fret d'aller, fr. 35.000	1.050 »	
2 1/2 0/0 commission à destination s/ fret d'aller, fr. 35.000	875 »	
2 1/2 0/0 id. de l'affréteur s/ fret de retour, fr. 70.000	1.750 »	
2 0/0 id. d'encaissement de fret au Havre, fr. 70.000	1.400 »	6.059 75

Fr...... 55.297 25

Réarmement. — Coût du réarmement (*Travaux divers, toiles, gréments, etc.*)	14.000 »
Dépréciation. — 6 0/0 sur fr. 225.000	13.500 »
Intérêts. — 6 0/0 sur fr. 225.000	13.500 »

100.297 25

Bénéfice du Voyage... 4.702 75

Fr...... 105.000 »

TONNEAUX DE JAUGE ET DE 700 TONNEAUX DE PORT.
DURÉE DU VOYAGE, UN AN.

ÉTAT COMPARATIF DE LA NAVIGATION DU PORT

10 DERNIÈRES ANNÉES

	ÉTAT DES NAVIRES CABOTEURS FRANÇAIS		ÉTAT DES NAVIRES FRANÇAIS ENTRÉS AU HAVRE						ÉTAT DES NAVIRES ÉTRANGERS							
	navigation côtière — entrés dans le port du Havre, pendant les dix dernières années		avec chargements importés de l'étranger et des colonies françaises pendant les dix dernières années						Étrangers venus de leur pays.				Tiers-Porteurs.			
			CABOT. ÉTRANG.		LONG-COURS.		COLONIES.		CABOTAGE.		LONG-COURS.		CABOTAGE.		LONG-COURS.	
ANNÉE.	NAVIRES.	TONNEAUX.	NAVIRES.	TONNEAUX.	NAVIRES.	TONNEAUX.	NAVIRES.	TONNEAUX.	NAVIRES.	TONNEAUX.	NAVIRES.	TONNEAUX.	NAVIRES.	TONNEAUX.	NAVIRES.	TONNEAUX.
BÂTIMENTS A VAPEUR ET A VOILES.																
1860	3.318	234.124	441	32 975	369	125 875	124	34.315	1.250	262.293	253	267.235	42	19.625	11	4.354
1861	3.112	234.337	283	36.977	465	157.163	161	29.211	1.450	310.765	431	371.375	263	35.162	61	27.113
1862	3.246	239.632	251	41.113	410	143.251	145	29.412	1.310	153.132	101	71.667	31	31.813	51	21.202
1863	3.103	226.629	235	41.112	410	143.869	112	31.307	1.319	273.679	61	47.251	65	13.313	101	16.656
1864	3.091	211.624	312	31.156	195	143.544	94	21.595	1.329	258.621	54	30.116	63	21.105	92	17.316
1865	3.039	223.075	257	53.751	410	167.735	163	27.615	1.397	318.519	61	37.610	66	19.631	67	17.932
1866	2.974	216.730	279	53.265	413	197.133	129	14.335	1.367	292.312	136	110.131	53	21.565	92	30.060
1867	2.563	199.961	293	37.397	236	233.413	94	24.450	1.523	467.692	150	122.135	301	61.375	71	31.919
1868	2.676	240.765	216	44.225	322	211.975	93	21.307	1.366	349.361	157	143.600	221	68.369	127	49.393
1869	2.531	199.901	213	53.475	446	226.935	81	21.526	1.351	356.151	130	112.917	464	66.479	211	60.311
BÂTIMENTS A VAPEUR.																
1860	»	»	43	17.737	2	525	»	»	490	129.193	21	36.491	5	2.373	»	»
1861	»	»	63	19.998	»	»	»	»	456	112.341	12	18.233	50	17.213	»	»
1862	»	»	79	23.690	1	263	»	»	470	118.939	1	346	8	4.173	1	731
1863	»	»	93	25.369	»	»	»	»	521	156.345	»	»	5	2.318	»	»
1864	»	»	112	32.792	6	11.534	»	»	617	194.239	»	»	7	3.638	»	»
1865	»	»	175	39.013	12	23.166	»	»	767	217.852	1	2.373	6	1.836	»	»
1866	»	»	174	49.763	23	43.551	»	»	735	274.753	12	19.631	7	1.234	»	»
1867	»	»	170	42.967	24	31.253	»	»	817	311.314	17	27.373	34	16.431	»	»
1868	»	»	130	53.156	25	50.522	»	»	817	331.721	»	»	36	24.157	2	2.069
1869	»	»	113	43.593	27	44.644	1	447	811	417.699	8	1.627	31	12.235	11	12.612

DU HAVRE POUR LES BATIMENTS CHARGÉS.

DE 1860 A 1869.

ÉTAT COMPARATIF DES NAVIRES FRANÇAIS, ANGLAIS ET ALLEMANDS entrés au Havre et se chargeant pendant les dix dernières années, provenant de diverses. — **ÉTAT DES NAVIRES** au port du Havre au 31 décembre de chaque année. — **ÉTAT DES BATIMENTS FRANCISÉS AU HAVRE** pendant les dix dernières années (Navires sortant des chantiers français; Navires achetés à l'étranger).

BATIMENTS A VAPEUR ET A VOILES.

	FRANÇAIS		ANGLAIS		ALLEMANDS		DES NAVIRES		VOILIERS		STEAMERS		VOILIERS		STEAMERS		TOTAUX	
ANNÉE.	Nombre.	Tonnage.	Nombre.	Tonnage.	Nombre.	Tonnage.	Nombre.	Tonnage.	Nombre.	Tonnage.	Nombre.	Tonnage.	Nombre.	Tonnage.	Nombre.	Tonnage.	Nombre.	Tonnage.
1860	695	193.656	1.625	219.435	11	2.745	412	116.639	13	3.377	—	—	—	—	—	—	13	3.377
1861	753	221.517	1.357	273.082	24	25.149	441	111.947	12	4.916	2	102	1	140	—	—	15	2.159
1862	772	219.767	1.015	231.529	35	9.439	367	101.376	5	2.210	2	55	2	1.015	—	—	9	3.271
1863	796	225.954	1.191	256.159	29	11.268	350	102.514	11	1.597	1	122	1	1.135	2	175	15	3.833
1864	903	270.297	1.244	330.633	24	6.227	364	111.959	10	2.317	—	—	5	2.043	2	1.845	17	4.705
1865	849	253.021	1.113	246.317	40	13.623	370	110.626	9	1.171	2	105	1	3.523	1	1.929	14	9.832
1866	851	257.049	1.179	313.259	63	19.346	394	115.633	16	1.522	1	2.155	3	2.571	1	6.250	27	13.535
1867	915	320.582	1.266	391.173	112	29.850	390	172.194	60	1.731	3	369	6	2.525	2	565	21	7.976
1868	849	313.384	1.221	341.589	163	37.176	393	136.751	10	3.611	1	30	13	3.670	1	462	25	7.793
1869	802	259.629	1.233	336.532	211	47.061	752	135.043	5	1.963	4	292	7	3.122	4	751	50	6.013

BATIMENTS A VAPEUR.

ANNÉE.	Nombre.	Tonnage.	Nombre.	Tonnage.	Nombre.	Tonnage.	Nombre.	Tonnage.	Chevaux.
1860	63	18.382	237	103.224	»	»	62	7.733	4.439
1861	69	19.996	379	175.073	1	816	41	7.399	4.226
1862	80	23.332	401	125.716	»	»	36	6.232	3.134
1863	95	23.599	464	145.793	»	»	44	5.461	3.404
1864	148	44.320	593	161.170	4	2.543	56	8.454	4.674
1865	187	62.113	616	193.953	16	6.062	49	10.557	3.534
1866	193	64.314	634	219.077	23	10.661	39	21.333	10.211
1867	194	91.101	707	249.134	23	17.813	39	17.013	8.664
1868	136	85.678	694	250.233	47	24.336	31	16.321	8.446
1869	171	89.180	707	249.690	107	117.070	53	14.593	8.626

Au 31 décembre 1869, l'effectif de la marine marchande était au Havre de : **493** navires formant **134,792** tonneaux.

ÉTAT COMPARATIF DE LA NAVIGATION DU PORT DU

10 DERNIÈRES ANNÉES

ANNÉES	ÉTAT DES NAVIRES CABOTEURS FRANÇAIS (sortis du port du Havre)		ÉTAT DES NAVIRES FRANÇAIS sortis du Havre — CABOT. ÉTRANG.		LONG-COURS.		COLONIES.		ÉTAT DES NAVIRES ÉTRANGERS — Étrangers allant dans leur pays — CABOTAGE.		LONG-COURS.		Tiers Pavillon — CABOTAGE.		LONG-COURS.	
	NOMBRE.	TONNAGE.	NOMBRE.	TONNAGE.	NOMBRE.	TONNAGE.	NOMBRE.	TONNAGE.	NOMBRE.	TONNAGE.	NOMBRE.	TONNAGE.	NOMBRE.	TONNAGE.	NOMBRE.	TONNAGE.
BATIMENTS A VAPEUR ET A VOILES																
1840	3.058	231.376	115	24.585	129	81.747	167	29.279	345	111.564	117	111.513	19	6.115	2	1.491
1841	3.141	257.421	116	24.982	251	86.614	114	38.155	336	111.737	87	11.624	51	11.711	17	11.511
1842	3.412	283.642	139	29.451	251	95.171	169	37.155	374	114.537	69	17.155	25	9.115	16	7.114
1843	3.344	275.749	175	35.457	256	105.517	95	27.562	710	159.561	51	22.551	37	10.561	23	16.627
1844	3.216	290.518	194	77.770	190	120.691	79	13.559	741	171.512	61	17.455	57	12.651	25	27.512
1845	2.955	256.645	271	71.149	261	1.5.421	95	25.714	772	141.851	17	30.555	11	13.559	21	21.556
1846	2.521	215.855	256	17.260	276	161.572	112	30.814	716	162.694	81	55.120	41	12.511	10	41.273
1847	2.674	251.970	297	11.991	301	167.601	94	25.636	756	505.109	61	19.121	55	19.391	37	11.234
1848	2.756	251.855	190	39.251	299	172.160	105	29.716	720	207.636	52	22.691	15	22.761	33	50.028
1849	2.517	233.517	291	11.712	309	176.51	55	24.225	664	390.971	32	18.355	25	16.646	115	114.107
BATIMENTS A VAPEUR.																
1840	1.621	182.636	82	17.761	•	•	•	•	431	114.343	28	55.293	4	1.263	•	•
1841	1.711	152.615	69	19.556	•	•	•	•	407	115.350	16	21.196	17	7.412	2	2.666
1842	1.792	155.384	77	21.924	•	•	•	•	427	121.953	2	856	13	3.015	2	1.158
1843	1.550	149.313	96	26.055	•	•	•	•	408	130.713	1	607	12	3.665	5	6.907
1844	1.507	141.039	116	31.193	7	11.661	1	55	569	150.116	•	•	11	6.716	13	39.003
1845	1.371	127.475	175	72.256	12	21.946	•	•	551	154.631	1	1.607	13	9.009	8	13.843
1846	1.256	116.603	168	50.371	27	45.510	•	•	531	163.225	12	18.444	11	7.562	22	37.932
1847	1.175	110.322	155	39.620	39	51.540	•	•	573	181.557	16	25.156	29	13.956	25	39.105
1848	1.211	111.578	122	31.215	27	51.250	•	•	567	199.163	•	•	33	21.017	34	46.201
1849	1.219	111.101	137	37.811	31	51.757	•	•	559	177.597	•	•	19	16.243	112	174.462

HAVRE POUR LES BATIMENTS SORTIS AVEC CHARGEMENT.

DE 1860 A 1869.

ANNÉE	ÉTAT COMPARATIF DES NAVIRES FRANÇAIS, ANGLAIS ET ALLEMANDS sortis du Havre avec chargement pendant les dix dernières années. DESTINATIONS DIVERSES.						ÉTATS DE TOUS LES BATIMENTS chargés et en cargos entrés et sortis avec chargement pendant les dix dernières années à la destination de l'étranger et en cabotage français.				BATIMENTS venant de la grande pêche à couler aux ports et exportés de bâtiments chargés, formant le total des entrées.		OBSERVATIONS
	FRANÇAIS		ANGLAIS		ALLEMANDS		ENTRÉES		SORTIES				
	NOMBRE	TONNAGE	NOMBRE	TONNAGE	NOMBRE	TONNAGE	NOMBRE	TONNAGE	NOMBRE	TONNAGE	NOMBRE	TONNAGE	
BATIMENTS A VAPEUR ET A VOILES.													
1860	[illegible]	[illegible]	[illegible]	94.202	12	2.555	5.471	94.471	[illegible]	437.361	7	2.284	
1861	[illegible]	129.699	295	106.909	14	3.711	6.605	1.217.771	5.651	655.165	2	733	
1862	[illegible]	154.929	663	110.011	19	5.151	5.721	879.012	5.215	6.7.455	5	1.692	
1863	529	170.766	621	113.901	11	10.105	5.117	925.717	4.751	655.5.1	2	700	
1864	563	141.011	766	179.152	15	8.617	5.577	911.211	4.611	615.5.1	2	1.149	
1865	629	202.151	655	211.645	15	9.517	5.115	851.971	4.555	799.955	—	—	
1866	615	2.9.650	481	501.621	16	9.912	5.111	1.015.199	4.255	759.692	—	—	
1867	647	255.970	611	2.9.107	15	16.525	5.179	1.175.165	4.957	899.595	—	—	
1868	555	219.455	561	194.517	34	23.756	5.195	1.161.725	4.802	799.729	1	637	
1869	609	257.163	565	201.759	115	115.511	5.591	1.175.871	4.035	911.515	—	—	
BATIMENTS A VAPEUR.													
1860	62	17.761	759	87.411	»	»	591	255.510	551	189.593			Pour les bâtiments à vapeur du cabotage français, il n'existe pas d'état d'entrée. Ces bâtiments faisant un service régulier avec, dans tous les cas, tout ou partie de cargaison; il ne peut y avoir d'autre différence que celle d'un bâtiment sortant ou rentrant d'un mois sur l'autre.
1861	69	19.950	330	99.940	1	390	577	159.000	511	165.761			
1862	77	22.125	373	111.360	»	»	599	167.573	523	151.341			
1863	96	26.015	423	126.865	»	»	622	161.897	543	167.956			
1864	111	41.749	550	168.680	2	1.660	802	210.777	719	2.1.351			
1865	155	62.332	481	156.625	4	1.572	961	263.169	761	261.122			
1866	195	65.761	475	161.924	11	4.413	957	262.434	774	316.271			
1867	146	91.200	553	197.671	30	13.661	1070	369.811	824	356.056			
1868	119	62.515	565	186.369	43	22.323	1031	357.455	799	357.039			
1869	161	59.563	457	185.374	101	119.019	1038	563.613	859	451.069			

NAVIGATION DU PORT DU HAVRE
AVEC L'ÉTRANGER, LES COLONIES ET LA GRANDE PÊCHE.

	ENTRÉE					SORTIE				
	NAVIRES FRANÇAIS		NAVIRES ÉTRANGERS		TOTAL des		NAVIRES FRANÇAIS		NAVIRES ÉTRANGERS		TOTAL des
	NOMBRE	TONNEAUX	NOMBRES	TONNEAUX	TONNAGES		NOMBRES	TONNEAUX	NOMBRES	TONNEAUX	TONNAGES
1867	915	321.882	1961	663.326	985.208	1867	607	238.070	942	318.455	556.525
1868	840	313.386	1891	670.572	985.958	1868	585	240.058	859	301.775	541.833
1869	802	280.629	1850	786.441	1.086.070	1869	609	247.143	883	424.454	671.207

La différence moyenne entre 1867 et 1868 d'une part, et 1869 d'autre part, est de **101,000** tonneaux en plus; différence qui 'explique ainsi :

Par 124,000 tonneaux en plus pour le pavillon anséatique, et 23,000 en moins pour le pavillon anglais, quoique le pavillon anglais soit encore resté dans la proportion de 330,000 tonneaux

contre   3,400   —   pour le pavillon français.

———

Le pavillon étranger a augmenté en 1869 sur 1867 et 1868 de **120,000** tonneaux, soit 18 0/0.

Le pavillon français a perdu dans ces trois années **19,000** tonneaux, soit 6 0/0.

La différence moyenne entre 1867 et 1868 d'une part, et 1869 d'autre part; est de **132,000** tonneaux en plus, au profit :
1° du pavillon étranger pour 114,000 tonneaux ;
2° du   —   français pour   18,000   —
L'augmentation du chiffre du pavillon étranger s'explique par 84,000 tonneaux en plus pour les États-Unis (pavillon anséatique.)
12,000   —   —   pour l'Angleterre.
18,000   —   —   pour diverses destinations.
De telle sorte que sur une augmentation moyenne de 24 0/0, l'étranger profite de 21 0/0
et le pavillon français de 3 0/0.

———

La proportion entre le pavillon anglais et le pavillon français a été de:
168,000 tonneaux pour le pavillon anglais
1,400   —   —   français.

MARCHANDISES PROVENANT DES PAYS D'OUTRE-MER

IMPORTATIONS EN FRANCE PROVENANT DES ENTREPOTS ANGLAIS.

1859

	KILOGRAMMES.	TONNEAUX D'AFFRÈTEMENT.	VALEURS EN FRANCS.
Laine	8.594.405	17.188	17.874.056
Coton	2.894.650	5.789	5.490.835
Riz	9.322.470	9.322	3.728.092
Poivre	—	—	—
Jute	—	—	—
Indigo :....	108.355	240	3.701.810
Café	—	—	—
	20.979.880	32.539	30.894.693

1868

	KILOGRAMMES.	TONNEAUX D'AFFRÈTEMENT.	VALEURS EN FRANCS.
Laine	33.753.921	66.508	72·200.178
Coton	21.028.781	42.058	46.894.181
Riz	13.900.379	13.999	5.792.390
Poivre	1.162.675	1.661	1.337.070
Jute	15.639.794	26.096	8.351.227
Indigo	351.793	574	7.616.318
Café	11.925.923	13.251	16.920.876
1868	97.862.264	164.117	159.177.746
1859	20.979.880	32.539	30.804.693
Différence en faveur de 1868	76.882.384	131.578	128.373.053

ÉTAT DES NAVIRES ANGLAIS ET ÉTRANGERS

AYANT NAVIGUÉ ENTRE LES TROIS ROYAUMES ET LES COLONIES ET VICE VERSA.

NAVIRES A VOILES

ANNÉES.	ENTRÉS.				SORTIS.			
	ANGLAIS.		ÉTRANGERS.		ANGLAIS.		ÉTRANGERS.	
	NOMBRE.	TONNAGE.	NOMBRE.	TONNAGE.	NOMBRE.	TONNAGE.	NOMBRE.	TONNAGE.
1860	5.017	1.915.920	617	294.721	4.892	2 040.612	8.9	458.111
1861	5.437	2.109.851	876	494.670	5.058	2.302.379	909	587.941
1862	5.219	2.104.873	516	289.576	5.252	2.305.296	567	294.254
1863	5.396	2.340.510	681	312.905	5.627	2.385.087	716	388.103
1864	5 072	2.352.188	645	319.957	5.113	2.421 888	541	449.676
1865	4.997	2.329.765	496	262.020	4.526	2 290.088	362	170.678
1866	5.067	2.425.922	464	240.931	4.673	2.356.587	401	252.591
1867	4.807	2.283.015	409	194.375	4.772	2.474.811	587	308.049

ETAT DES NAVIRES ANGLAIS ET ÉTRANGERS

AYANT NAVIGUÉ ENTRE LES TROIS ROYAUMES ET LES COLONIES ANGLAISES ET VICE VERSA.

	STEAMERS.							
	ENTRÉS.				SORTIS.			
	ANGLAIS.		ÉTRANGERS.		ANGLAIS.		ÉTRANGERS.	
ANNÉES.	NOMBRE.	TONNAGE.	NOMBRE.	TONNAGE.	NOMBRE.	TONNAGE.	NOMBRE.	TONNAGE.
1860	694	171.603	.	.	728	192.397	1	266
1861	661	196.578	.	.	729	222.730	2	928
1862	696	230.884	1	517	750	246.268	2	837
1863	699	230.368	1	663	786	279.953	3	1.200
1864	674	237.440	2	1606	806	298.285	3	1.131
1865	712	276.397	2	500	768	328.472	2	1.032
1866	674	280.967	.	.	782	318.769	2	1.568
1867	600	261.507	.	.	719	314.276	1	496

ÉTAT DES NAVIRES ANGLAIS ET ÉTRANGERS

QUI ONT ÉTÉ EXPÉDIÉS DES TROIS ROYAUMES POUR L'ÉTRANGER ET VICE VERSA.

	NAVIRES A VOILES.						
	ENTRÉS.				**SORTIS.**		
	ANGLAIS.		ÉTRANGERS.		ANGLAIS.		ÉTRANGERS.	
ANNÉES.	NOMBRE.	TONNAGE.	NOMBRE.	TONNAGE.	NOMBRE.	TONNAGE.	NOMBRE.	TONNAGE.
1860	15.713	2.851.421	22.972	3.602.755	15.924	2.979.593	24.057	4.686.596
1861	18.070	3.286.577	23.964	4.558.189	17.854	3.149.544	24.933	4.806.225
1862	17.416	3.133.456	23.918	4.455.897	17.669	3.225 896	25.198	4.615.328
1863	17.627	3.185.383	22.817	3.987.499	17.556	3.201.596	23.818	4.083.454
1864	17.891	3.345.472	21.592	3.710.625	17.687	3.536.512	22.179	3.849.558
1865	17.736	3.312.964	22.206	3.876.911	18.018	3.639.456	23.177	4.142.550
1866	17.439	3.430.939	22.006	4.050.771	17.491	3.654.589	22.737	4.229.898
1867	17.200	3.608.051	22.363	4.203.344	17.062	3.628.536	22.680	4.214.893

ETAT DES NAVIRES ANGLAIS ET ÉTRANGERS

QUI ONT ÉTÉ EXPÉDIÉS DES TROIS ROYAUMES POUR L'ÉTRANGER ET VICE VERSA.

	STEAMERS.							
	ENTRÉS.				SORTIS.			
ANNÉES	ANGLAIS.		ÉTRANGERS.		ANGLAIS.		ÉTRANGERS.	
	NOMBRE.	TONNAGE.	NOMBRE.	TONNAGE.	NOMBRE.	TONNAGE.	NOMBRE.	TONNAGE.
1860	6.217	1.994.446	1.401	409.051	5.692	1.870.336	1.181	381.288
1861	6.823	2.198.460	1.534	429.879	6.352	2.008.929	1.146	390.676
1862	7.245	2.429.152	1.792	511.523	6.894	2.363.548	1.223	461.642
1863	7.668	2.749.769	1.639	522.953	7.094	2.571.189	1.269	491.589
1864	8.948	3.203.012	1.624	480.928	8.296	2.993.372	1.312	455.534
1865	9.994	3.804.749	1.857	585.874	9.298	3.533.438	1.675	555.998
1866	11.553	4.634.122	1.896	630.152	10.671	4.225.422	1.637	620.451
1867	12.970	5.178.506	2.147	767.494	12.294	4.830.939	1.971	744.288

IMPRIMERIE CENTRALE DES CHEMINS DE FER. — A. CHAIX ET Cie, RUE BERGÈRE, 20, A PARIS. — 6366-9

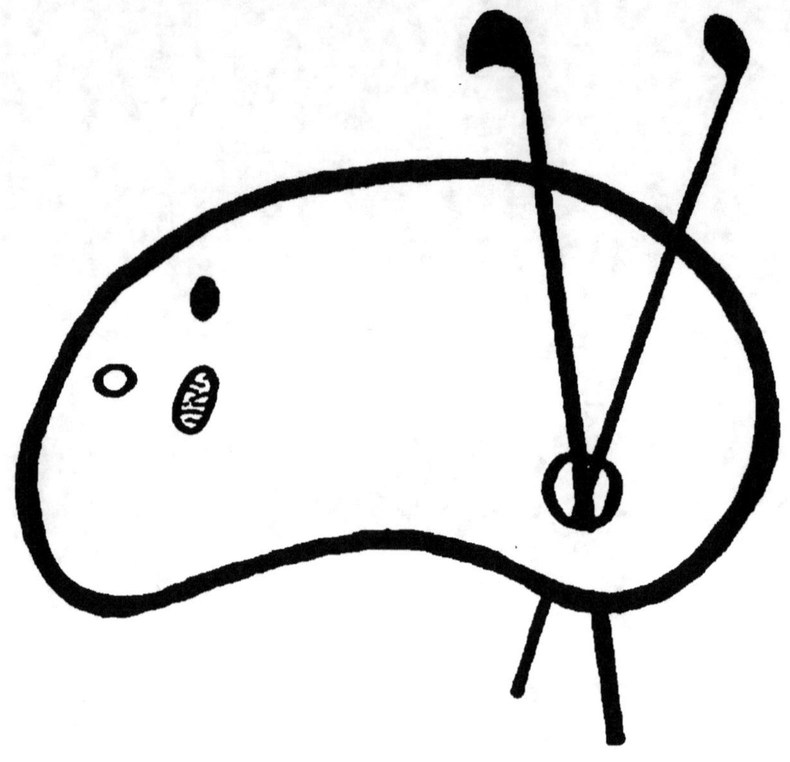

www.ingramcontent.com/pod-product-compliance
Lightning Source LLC
LaVergne TN
LVHW010407060726
842526LV00005B/1555